# 实践作文教学法

## —适合黔东南民族地区小学生作文的方法

杨春香 ◎ 编著

西南交通大学出版社
·成都·

**图书在版编目（CIP）数据**

实践作文教学法：适合黔东南民族地区小学生作文的方法 / 杨春香编著. —成都：西南交通大学出版社，2018.8

ISBN 978-7-5643-6335-2

Ⅰ. ①实… Ⅱ. ①杨… Ⅲ. ①作文课 - 教学法 - 小学 Ⅳ. ①G623.242

中国版本图书馆 CIP 数据核字（2018）第 189372 号

SHIJIAN ZUOWEN JIAOXUEFA

**实践作文教学法**

——适合黔东南民族地区小学生作文的方法

杨春香　编著

责任编辑　梁　红
封面设计　严春艳
出版发行　西南交通大学出版社
（四川省成都市二环路北一段 111 号
西南交通大学创新大厦 21 楼）
发行部电话　028-87600564　87600533
邮政编码　610031
网址　http://www.xnjdcbs.com
印刷　四川煤田地质制图印刷厂
成品尺寸　148 mm×210 mm
印张　5
字数　137 千
版次　2018 年 8 月第 1 版
印次　2018 年 8 月第 1 次
书号　ISBN 978-7-5643-6335-2
定价　28.00 元

图书如有印装质量问题　本社负责退换

# 序

黔东南自然风光旖旎、原生文化积淀深厚，是民族历史文化富集之地。如何利用这一丰富的文化资源来充实学生的作文内容，增加作文的趣味性，提升学生写作水平，是当地许多语文老师认真思考和研究的问题。黔东南民风民俗内容丰富，对于没有人生阅历、缺少实践经验的学生来说，想要利用民风民俗素材写好作文的确很难。针对这一问题，贵州省凯里市第七小学杨春香老师在民族文化资源引进小学作文教学方面进行了富有成效的实践探究。2014 年 10 月，她申报的“把黔东南民风民俗引进小学作文教学的实践与研究”被贵州省黔东南州教科所批准为州级重点课题。杨春香老师对将民族文化资源引进作文教学进行了系统化的探索与研究，并取得了良好的效果。经过筛选，她把研究报告的核心部分编撰成《实践作文教学法——适合黔东南民族地区小学生作文的方法》一书。

《实践作文教学法——适合黔东南民族地区小学生作文的方法》从“问题导向”“实践收获”“范文引领”三个部分入手，以期解决黔东南民族地区小学生习作中“选材难”和“用材难”的问题。该书的第一部分从学生调查问卷开始，通过授课导学案、预习指导案以及授课实录等重要环节体现问题导向所要解决的问题；第二部分以网络下载的图片资料和师生的实践收获来验证学生收集材料的方法是否有效；第三部分由范文引领，体现小学生运用材料进行习作训练的方法和技巧。其核心实质在于成功地、创造性地开辟了“实践作文教学法”的领域。这是一种崭新的作文教学法的实践，其运用要点是：注重语文实践活动；善于从网络查找资料；对手中材料进行整理加工后再运用；遵循写小不写大、写近不写远的原则等。

杨春香老师的课题研究依托人教版语文教科书，认真履行语文新课标建议，灵活地使用教材，注重开发丰富多彩的社会语文教育资源。

她历经人教版小学语文课程中所有的语文综合性实践，从中挑选出具有代表性的“习作课堂”作为研究对象，着重探究黔东南民族地区小学生“选材难”和“用材难”的问题。在过去的两年时间里，她经过勤奋努力，通过大量的实践活动，验证了“实践作文教学法——适合黔东南民族地区小学生作文的方法”在黔东南民族地区小学作文教学中的实用性。尽管书中对“实践作文教学法”的观点的提炼和理论阐述还不够充分，但其总结出的经验足以丰富作文教学法的理论，为长期以来沉寂的少数民族地区小学作文教学增添了无限的活力。作为教育教学一线的老师，在工作繁忙之际，尚能认真思考教育教学问题，足见她对民族文化的喜爱以及对小学作文教学的执着与追求。

**凯里学院教授：范国祖**

2018 年 6 月 30 日

# 目　录

## 第一部分　问题导向

## 第二部分 实践收获

# 第一部分

## 问题导向

# 第一章
# 课题设计

## 一、课题研究的背景

新一轮课程改革绝不仅仅是换一套教科书，而是教育观念的更新。课改的实质是课堂的改革。作文教学是语文课程的重要组成部分，也在改革之列。在实际的作文教学中，学生们面临选材难和用材难的问题。新课标指出，语文既是民族文化的载体，也是民族文化的组成部分。我们的家乡黔东南是苗族侗族的聚居地，民族风情浓郁。我们可以借助语文课堂这个平台，将黔东南地区的民风民俗引进课堂教学，努力构建富有活力的语文课堂，培养学生的表达能力。基于以上两点，我们选择“把黔东南民风民俗引进小学作文教学的实践与研究”这一课题进行研究。

## 二、课题研究的意义

课题研究以“一切为了学生的全面发展，提高学生的审美情趣，培养学生的语文素养和高尚情操”为宗旨。有目的、讲方法、有步骤、按规定地进行。这次课题研究的意义在于：

（1）提高学生的习作兴趣。

（2）培养学生积累素材的良好习惯。

（3）指导学生掌握基本的表达方法。

（4）传承民族文化。

（5）提高学生审美情趣和语文素养，培养学生高尚的道德情操。

（6）增强学生的民族自豪感和爱国主义情感。

## 三、课题研究的理论依据

（1）语文课程的性质和地位。

语文是重要的交际工具，是人类文化的重要组成部分，工具和实践性很强，应注重通过语文培养学生的实践能力。

（2）学习资源和实践机会无处不在，无时不有。

语文课程应该是开放而富有创新活力的，应尽可能满足不同地区、不同学校、不同学生的需求，并能根据社会的需求不断更新、发展。

（3）课程目标。

课程总目标要求小学生能具体明确，文从字顺地表达自己的意思；能根据日常生活需要，运用常见的方式写作。课程阶段目标要求：第一，1～2 年级的学生对写话感兴趣，写自己想说的话，写想象中的事物，写出自己对周围事物的认识和感受。第二，3～4 年级的学生留心观察周围事物，乐于书面表达，增强习作的自信心。能不拘形式地写下见闻、感受和想象，注意表现自己觉得新奇有趣的或印象最深、最受感动的内容。第三，5～6 年级的学生，懂得习作是为了自我表达和与人交流。养成留心观察周围事物的习惯，有意识地丰富自己的见闻，珍视个人的独特感受，积累习作材料。

另外，语文新课标在教材实施上也指明了方向。

（1）教材应体现时代特点和现代意识，关注人类，关注自然，理解和尊重多样文化，有助于学生树立正确的世界观、人生观、价值观。

（2）教材要有开放性和弹性。在合理安排基本课程内容的基础上，给地方、学校和老师留出开发、选择的空间，也为学生留出选择和拓展的空间，以满足不同学生学习和发展的需要。

（3）各地区都蕴藏着自然、社会、人文等多种课程资源。要有强烈的资源意识，去努力开发，积极利用。

（4）教师是学习活动的组织者和引导者。教师应转变观念，更新知识，不断提高自身的综合素养。应创造性地理解和使用教材，积极开发课程资源，灵活运用多种教学策略，引导学生在实践中学会学习。

（5）重视情感、态度、价值观的正确导向。

## 四、课题研究的目标

（1）指导小学生掌握收集、整理有关黔东南民风民俗的资料的方法。

（2）指导小学生掌握运用收集整理好的有关黔东南民风民俗的资料进行习作训练的方法。

（3））师生一起成为黔东南民风民俗的传承人。

## 五、课题研究的主要内容

（1）让小学生明白什么是民风民俗，黔东南的民风民俗包括哪些方面的内容。

（2）指导小学生掌握收集黔东南民风民俗素材的方法。

（3）探讨把黔东南民风民俗素材运用到小学作文教学中的方法。

（4）指导小学生掌握叙述和描写两大表达技巧。

## 六、课题研究的方法

### 1. 调查法

使用问卷调查法有利于我们摸清学生对民风民俗掌握的基本情况。

### 2. 观察法

在这次研究活动中，老师们从多方面入手，全面调动学生的视觉、听觉、嗅觉，把学生引进社会，引进生活，引导学生随时捕捉生活的素材，及时写下内心的感受，让学生产生强烈的倾吐欲望。让学生在玩一玩、看一看、走一走中完成习作练习。

**3. 积累法**

我们将通过收集图片、做人物采访记录、写日记、课后小练笔等形式积累民风民俗素材，为学生的习作训练做好准备。

**4. 实践法**

我们在 2～6 年级中选择了 10 个班级，从低、中、高年级的 80 次口语交际与习作中选择了 10 次习作训练进行练写。同时，结合语文课程目标要求，充分利用语文综合性实践课、口语交际课、社团活动课等机会，指导学生亲身体验民风民俗的具体操作过程。

## 七、课题研究的措施

（1）设计课题研究活动方案。
（2）制定学生调查问卷。
（3）开展课题研究授课实践活动。
（4）收集授课导学案。
（5）制定观课议课讨论表。
（6）安排参加课题研究的教师进行学习。
（7）集体制定作文实践课预习导学案。
（8）做好实践课授课实录工作。

## 八、课题研究的步骤和计划

课题研究准备阶段：2014 年 9 月—2015 年 5 月。

搜集黔东南饮食、服饰、民居、生产工具等方面的图片资料以及其特点功用等方面的说明材料；搜集黔东南语言、文字、艺术、民俗节日等方面的资料（图片和相关视频）。

课题研究实施阶段：2015 年 5 月—2016 年 8 月。

（1）（1～2 年级）讲民间故事。

（2）（1～2 年级）学唱民族童谣。

（3）（1～2 年级）根据课文内容的延伸，做好口语交际训练。

（4）（3～6 年级）看图（物）说（写）话。

（5）（3～4 年级）看物写想象或联想作文。

（6）（5～6 年级）看视频，做好节日场面描写，掌握记叙文常用的叙述和描写的方法。

（7）（5～6 年级）就课内外发生的事进行日记写作。

（8）（2～6 年级）在活动中快乐作文。

（9）（3～6 年级）在语文综合性实践中写好记事记叙文和写人记叙文。让学生自由取舍，引导学生明白生活中时时处处都有作文材料。

（10）（5～6 年级）利用黔东南民风民俗的图片和实物，对小学生进行作文三段式写法训练。

课题研究总结阶段：2016 年 8 月—2016 年 10 月。

课题研究过程汇总；编辑与小学生作文材料相关的黔东南民风民俗的图片册子；编撰师生作品集，将研究人员授课录像制成光盘；将研究成果形成报告，推广运用。

## 九、预期效果和表现形式

（1）将入选的黔东南民风民俗素材图片整理成册。

（2）研究组成员的教案成册。

（3）学生习作成册。

（4）研究组成员论文成册。

（5）将研究组成员授课录像制成光盘。

（6）形成报告，推广运用。

## 十、做好课题研究总结和推广工作

（1）课题研究总结。

（2）整理课题研究过程资料。

（3）编辑师生收集的图片资料。

（4）编辑师生作品文集。

（5）将研究人员的授课实录制成光碟。

# 第二章
# 课题计划

## 一、课题名称

把黔东南民风民俗引进小学作文教学的实践与研究。

## 二、研究目的

提高小学生积累素材的能力；推进高效作文教学，向 40 分钟要质量，实现在课堂上当场完成 400 字的作文；传承黔东南地区少数民族文化传统，做民族文化的传承人；在习作中提高学生的审美情趣，培养学生良好的道德品质。

## 三、指导思想

课改就是课程教学的改革，没有课程教学的改革就谈不上素质教育。作文教学是语文课程改革的重要组成部分。作文不仅仅教学生作文的方法和技巧，关键还在于通过作文教会学生如何做人。从小学作文教学的特点出发，小学生作文要避虚就实，写出来的作文才能真实感人，自己也才能学有所长。我们要让语文贴近孩子们的生活，让学生热爱一切语文学习活动。生活是作文的基础和来源，语文教师要善于引导学生寻找细小的、贴近孩子们生活的、有记忆的、感兴趣的人、事、物、景对其进行指导，从学生的实际出发，按步骤有序进行。

## 四、课题研究的基本情况

课题研究于 2014 年 11 月 30 日被黔东南州教科所确定为州级重点课题。课题实践范围为凯里市第七小学，结题时间为 2016 年 11 月。课题研究团队由凯里市第七小学三名语文教师组成，分别是课题负责人杨春香、组长王英、组员姜秋英，涵盖老中青三代教师。在研究成员中，少数民族教师 9 名，占总人数的 90%，汉族教师 1 名，占总人数的 10%。课题组成员均为小学一线语文老师，不但作文教学经验丰富，而且具备丰厚的教学理论。同时，教师们谙熟黔东南民风民俗，对黔东南节日活动操作熟练稳重，为课题研究奠定了基础。但是，考虑到学生的安全问题，加上学校活动经费欠缺，有些活动开展受到限制。

### 1. 研究内容

（1）让小学生明白什么是民风民俗，黔东南的民风民俗包括哪些方面的内容。

（2）指导小学生掌握收集黔东南民风民俗素材的方法。

（3）探讨把黔东南民风民俗素材运用到小学作文教学中的方法。

（4）指导小学生掌握叙述和描写两大表达技巧。

### 2. 研究方法

（1）调查法。

使用问卷调查法有利于摸清学生对民风民俗掌握的基本情况。

（2）观察法。

在这次研究活动中，老师们从多方面入手，全面调动学生的视觉、听觉、嗅觉，把学生引进社会，引进生活，引导学生随时捕捉生活中的素材，及时写下内心的感受，让学生产生强烈的倾吐欲望。让学生在玩一玩、看一看、走一走中完成习作练习。

（3）积累法。

我们将通过收集图片、做人物采访记录、写日记、课后小练笔等形式利用民风民俗素材，为学生的习作训练做好准备。

（4）实践法。

我们在 2 ~ 6 年级中选择了 10 个班级，从低、中、高年级的 80 次口语交际与习作中选择 10 次习作训练进行练写。同时，结合语文课程目标要求，充分利用语文综合性实践课、口语交际课、社团活动课等机会，指导学生亲身体验民风民俗的具体操作过程。

### 3. 课题研究的主要措施

（1）设计课题研究活动方案。
（2）制定学生调查问卷。
（3）开展课题研究授课实践活动。
（4）收集授课导学案。
（5）制定观课议课讨论表。
（6）安排参加课题研究的教师进行学习。
（7）集体制定作文实践课预习导学案。
（8）做好实践课授课实录。

### 4. 课题组老师授课安排表

表 2.1 授课安排表

| 组员 | 年级 | 科目 | 版本 | 习作次第 | 习作内容 | 授课时间 |
|---|---|---|---|---|---|---|
| 杨春香 | 六年级下册 | 语文作文 | 人教版 | 第二次习作 | 我们的民风民俗 | 2016 年 3 月 |
| 待 定 | 六年级上册 | 语文作文 | 人教版 | 第八次习作 | 身边的艺术 | 2015 年 12 月 |
| 待 定 | 五年级上册 | 语文作文 | 人教版 | 第三次习作 | 介绍一种物品 | 2015 年 12 月 |
| 待 定 | 五年级下册 | 语文作文 | 人教版 | 第一次习作 | 写一封信 | 2016 年 3 月 |

续表

| 组员 | 年级 | 科目 | 版本 | 习作次第 | 习作内容 | 授课时间 |
|---|---|---|---|---|---|---|
| 待定 | 四年级上册 | 语文作文 | 人教版 | 第五次习作 | 介绍世界遗产导游词 | 2015年9月 |
| 王英 | 四年级下册 | 语文作文 | 人教版 | 第六次习作 | 乡村田园生活 | 2016年6月 |
| 待定 | 三年级上册 | 语文作文 | 人教版 | 第五次习作 | 生活中的传统文化 | 2015年11月 |
| 待定 | 三年级下册 | 语文作文 | 人教版 | 第七次习作 | 自由习作 | 2016年6月 |
| 姜秋英 | 二年级上册 | 语文作文 | 人教版 | 第二次口语交际 | 我是小导游 | 2015年10月 |
| 待定 | 二年级下册 | 语文作文 | 人教版 | 第三次口语交际 | 夸家乡 | 2016年4月 |
| 待定 | 五年级上册 | 语文作文 | 人教版 | 第三次习作 | 介绍一种物品 | 2016年6月 |

**5. 组员任务初定**

杨春香：给六年级学生授课，指导学生运用叙述与描写相结合的方法写好记实作文或想象作文。

待　定：给四年级学生授课，指导学生做好民族文化遗产介绍工作，写好导游词。

王　英：给四年级学生授课，指导学生掌握场面描写和细节描写的方法，写好田园生活，表现苗族乡村的美。

待　定：给四年级学生授课，运用叙述的方法指导学生结合身边的传统文化，写好作文。

待　定：给五年级学生授课，指导学生运用小学生常用的几种说明方法写好介绍黔东南艺术品的作文。

待　定：给五年级学生授课，指导学生运用书信形式向远方的朋友介绍黔东南的人、事、物、景的美。

待　定：给三年级学生授课，指导学生采用叙述和描写的方法写好人、事、物、景或想象作文。

待　定：给六年级学生授课，指导学生运用场面描写以及联想的方法写好作文。

姜秋英：给二年级学生授课，指导学生进行口语交际——我们去旅游。

待　定：给二年级学生授课，指导学生进行口语交际——夸家乡。

**6. 课题组成员任务分工**

（1）杨春香负责课题申报、课题总计划、课题总结报告。

（2）姜秋英负责收集、整理师生习作。

（3）王英负责整理教师教案。

（4）每位老师都必须按要求写好个人活动计划、活动总结、活动体会，以及两篇下水示范作文。

# 第三章
# 课题研究措施

## 第一节　课题活动方案

### 一、活动名称

采集黔东南民风民俗活动方案书。

### 二、活动背景

课程改革是素质教育的核心所在，作文教学是语文教学的重要组成部分，是需要改革的。在作文教学中，我们不但要勇于继承，还要敢于创新。目前，我校正在使用的是人教版语文实验教科书。结合教材要求，灵活运用教材，并融入乡土教材元素是每一位语文教师的责任。本次活动就是在传承民族文化、推进语文教学改革的进程中进行的。

### 三、活动目的及意义

这次实践与探究活动，其意义在于：

（1）培养学生收集整理以及运用材料的能力。

（2）指导学生掌握叙述和描写两大基本功。

（3）传承民族文化。

（4）培养学生的审美情趣和语文素养。

## 四、活动目标

（1）收集民族服饰图片。

（2）收集地方独特的饮食的图片。

（3）参观具有民族特色的建筑。

（4）参加当地极具民族特色的活动。

表 3.1　采集黔东南民风民俗活动方案书

| 项目名称 | 活动时间 | 活动地点 | 参加人员 | 活动目的 |
|---|---|---|---|---|
| 制订计划 | 2014 年 11 月 | 七小校园 | 课题组教师 | 便于大家开展活动 |
| 收集资料 | 2014 年 12 月—2015 年 6 月 | 师生生活范围和网络学习空间 | 师生共计 400 人次 | 收集材料 |
| 问卷调查 | 2015 年 3—2016 年 3 | 七小校园 | 师生共计 400 人次 | 掌握具有黔东南特色的民风民俗 |
| 教师学习 | 2014 年 11 月—2016 年 7 月 | 自主学习<br>集中学习 | 课题组教师 | 学习语文新课标；<br>学习小学作文教学技巧 |
| 教师授课 | 2015 年 9 月—2016 年 6 月 | 七小校园 | 课题组教师 | 学生写好描写民风民俗的作文 |
| 观课议课 | 2015 年 9 月—2016 年 6 月 | 七小校园 | 课题组教师 | 互相学习、互相促进 |
| 课堂实录 | 2015 年 9 月—2016 年 6 月 | 七小校园 | 课题组教师 | 形成文本，方便交流 |
| 心得体会 | 2015 年 9 月—2016 年 6 月 | 七小校园 | 课题组教师 | 形成文本，方便交流 |
| 课件光碟 | 2015 年 9 月—2016 年 6 月 | 七小校园 | 课题组教师 | 方便交流 |
| 编辑作品 | 2016 年 8 月—2016 年 10 月 | 七小校园 | 杨春香 | 方便交流 |
| 课题反思 | 2016 年 10 月 | 七小校园 | 杨春香 | 方便交流 |

## 第二节　学生问卷调查

### 关于黔东南民风民俗了解情况的问卷调查（一）

亲爱的同学：

你好！问卷是为了了解你参与黔东南民风民俗活动的情况，请你根据自己的实际情况认真回答，谢谢！

1. 你知道黔东南的苗族最喜欢跳什么舞吗？ ____________________
2. 你知道苗族人为什么喜欢跳舞吗？ ____________________
3. 你知道苗族人民什么季节跳木鼓舞吗？ ____________________
4. 木鼓舞给你怎样的感觉？ ____________________
5. 你知道外国人怎么评价木鼓舞吗？ ____________________
6. 你知道锦鸡舞吗？ ____________________
7. 你知道跳锦鸡舞的时间和地点吗？ ____________________
8. 你知道锦鸡舞得名的原因吗？ ____________________
9. 你知道锦鸡舞是哪一个民族的舞蹈吗？ ____________________
10. 你知道为什么要跳锦鸡舞吗？ ____________________
11. 看到跳锦鸡舞的场面，你会联想到什么？ ____________________
12. 锦鸡舞给你怎样的感觉？ ____________________
13. 你知道“侗族三宝”是什么吗？ ____________________
14. 你知道世界上最大的苗寨在哪里吗？ ____________________
15. 你知道苗族人过年时举行哪些活动吗？

____________________________________________

16. 你知道黔东南有哪些特产吗？ ____________________

### 关于黔东南民风民俗了解情况的问卷调查（二）

亲爱的同学：

你好！问卷是为了了解你参与黔东南民风民俗活动的情况，请你根据自己的实际情况认真回答，谢谢！

1. 你穿过本民族的服装吗？
2. 你知道本民族服装的特点吗？
3. 你知道本民族的首饰有哪些吗？
4. 你最喜欢的黔东南的食品有哪些？
5. 你知道苗家的吊脚楼吗？
6. 你知道风雨桥是哪个民族的建筑吗？
7. 你知道侗族人为什么喜欢腌鱼吗？
8. 你知道凯里的哪个节日要挂红蛋吗？
9. 你知道雷山县哪个节日最出名吗？
10. 你知道苗族服饰上的刺绣有哪些图案吗？
11. 你想把我们黔东南的民风民俗介绍给大家吗？
12. 你会唱一首本民族的歌吗？
13. 你知道苗族为什么把房子建在山上吗？

## 第三节　授课安排表

表 3.2　授课安排表

| 授课教师 | 授课内容 | 授课班级 | 授课时间 | 备注 |
| --- | --- | --- | --- | --- |
| 姜秋英 | 二上第三单元<br>《我是小导游》 | 二（4）班 | 2015 年 10 月 | |
| 待　定 | 二下第三单元<br>《夸家乡》 | 二（2）班 | 2016 年 4 月 | |
| 待　定 | 三上第五单元<br>《传统文化》 | 三（1）班 | 2015 年 11 月 | |
| 待　定 | 三下第七单元<br>《多彩的世界》 | 三（2）班 | 2016 年 6 月 | |
| 待　定 | 四上第五单元<br>《写导游词》 | 四（1）班 | 2015 年 9 月 | |

续表

| 授课教师 | 授课内容 | 授课班级 | 授课时间 | 备注 |
|---|---|---|---|---|
| 王　英 | 四下第六单元<br>《乡村田园》 | 四（3）班 | 2016 年 6 月 | |
| 待　定 | 五上第三单元<br>《介绍家乡的一种物品》 | 五（7）班 | 2015 年 10 月 | |
| 待　定 | 五下第五单元<br>《给远方朋友的一封信》 | 五（8）班 | 2016 年 5 月 | |
| 待　定 | 六上第八单元<br>《身边的艺术》 | 六（1）班 | 2015 年 12 月 | |
| 杨春香 | 六下第二单元<br>《我们的民风民俗》 | 六（2）班 | 2016 年 4 月 | |

# 第四节　部分习作导学案

## 1. 人教版三年级上册第五次习作导学案

表 3.3　导学案

<table>
<tr><td>年级</td><td>三年级</td><td>单元</td><td>五单元</td><td>主备人</td><td>杨春香</td><td>教师</td><td>杨春香</td></tr>
<tr><td>课型</td><td>讲授课</td><td>课题</td><td colspan="2">生活中的传统文化</td><td>上课时间</td><td colspan="2">2015 年 11 月 2 日</td></tr>
<tr><td>学习目标</td><td colspan="7">1. 学会在生活中寻找习作素材，记录真情实感，学会与人分享<br>2. 把自己想说的话写下来，做到语句通顺</td></tr>
<tr><td>重点难点</td><td colspan="7">教学重点：把生活中的传统文化按一定的条理讲清楚<br>教学难点：如何删减和增添收集到的资料</td></tr>
<tr><td>知识链接</td><td colspan="7">1. 门神对联、京剧脸谱、毛笔书法等方面的知识。<br>2. 黔东南的传统文化之衣食住行</td></tr>
<tr><td colspan="8">学习过程</td></tr>
<tr><td>环节</td><td colspan="4">学案</td><td colspan="3">导案</td></tr>
<tr><td>课前预习</td><td colspan="4">帮助学生理解什么是生活中的传统文化；指导学生收集生活中有关传统文化的资料</td><td colspan="3"></td></tr>
</table>

续表

| 年级 | 三年级 | 单元 | 五单元 | 主备人 | 杨春香 | 教师 | 杨春香 |
|---|---|---|---|---|---|---|---|
| 课型 | 讲授课 | 课题 | 生活中的传统文化 | 上课时间 | 2015年11月2日 | | |
| 复习旧知 | 复习课文《孔子拜师》《盘古开天地》《赵州桥》《一幅名扬中外的画》，体会中国传统文化的魅力 | | | 指导学生理解文化的内涵：传统文化就是一个国家文明演化而汇聚成的一种反映民族特色和风貌的民族文化，就是祖先创造的、世世代代传承下来的、具有鲜明民族特色的、历史悠久的文化 | | | |
| 出示本节课的核心内容，让学生独立思考 | 门神对联、京剧脸谱、十二生肖、毛笔书法；<br>苗族舞蹈中的木鼓舞、芦笙舞，侗族的童谣；<br>水滴银帽、银手镯；<br>苗年节、姊妹节、芦笙节、挂红蛋等；<br>吊脚楼、风雨桥 | | | 传统文化就是我们天天接触的但是又不大明白的衣食住行四个方面的内容；<br>确定主题，根据主题收集资料；<br>写好生活中的传统文化；选自己最熟悉的传统文化的内容；<br>考虑表达习作的顺序 | | | |
| 小组合作探究 | 把习作主题相同、所收集的材料类别相同的学生分为一组，便于分享资料；<br>习作的主题根据资料的不同有哪些不同？<br>黔东南的侗歌、苗族的舞蹈以及侗族、苗族的传统节日从何而来？有什么作用？水滴银帽有什么象征意义？ | | | 把节日的作用讲明白；<br>修改来自网络的民间传说故事；<br>清楚表达热爱民族文化、做民族文化传承人的主题 | | | |
| 全班交流展示 | 各小组派代表说说写什么，为什么写，怎样写 | | | 教师举例说明身边的传统文化；<br>老师宣读范文 | | | |
| 课堂练习与检测 | 学生动手打草稿 | | | 教师巡视；<br>教师宣读优秀习作 | | | |
| 收获与感悟 | 通过习作，明白继承和弘扬传统文化是爱祖国、爱家乡的具体表现 | | | 优秀的传统文化需要传承 | | | |

续表

| 年级 | 三年级 | 单元 | 五单元 | 主备人 | 杨春香 | 教师 | 杨春香 |
|---|---|---|---|---|---|---|---|
| 课型 | 讲授课 | 课题 | 生活中的传统文化 | | 上课时间 | 2015年11月2日 | |
| 板书设计 | 第五次习作：生活中的传统文化<br>服饰、酸汤菜、糯米饭<br>水滴银帽<br>百褶裙<br>热爱生活<br>健康的生活方式<br>吊脚楼 风雨桥 姊妹节 芦笙节 木鼓舞 挂红蛋<br>哪里的人喜欢这种建筑？节日的时间、地点是什么？<br>有哪些节庆活动？ | | | | | | |
| 教学反思 | 没有实践活动，没有资料的收集、整理作为基础是写不出好文章的 | | | | | | |

## 2. 人教版六年级上册第八次习作导学案

表 3.4 导学案

| 年级 | 六年级 | 单元 | 八单元 | 主备人 | 杨春香 | 教师 | 杨春香 |
|---|---|---|---|---|---|---|---|
| 课型 | 新授课 | 课题 | 身边的艺术 | | 上课时间 | 2015年12月18日 | |
| 学习目标 | 结合黔东南地区少数民族传统文化，让学生欣赏极具民族特色的美；激发学生的热情，同时培养学生口头表达、倾听的能力以及留心观察生活的习惯；鼓励学生将阅读中体会到的表达感受的方法运用到习作中去，初步学会在习作中融入自己的联想和想象 | | | | | | |
| 重点难点 | 教学重点：身边的艺术主要指什么<br>教学难点：想象和联想在习作中的具体运用 | | | | | | |
| 知识链接 | 芦笙舞、水滴银帽等知识 | | | | | | |
| 学习过程 | | | | | | | |
| 环节 | 学案 | | | 导案 | | | |
| 课前预习 | 复习第二组课文所运用的表达方法 | | | 指导学生课前复习课文中出现的表达方法 | | | |

续表

| 年级 | 六年级 | 单元 | 八单元 | 主备人 | 杨春香 | 教师 | 杨春香 |
|---|---|---|---|---|---|---|---|
| 课型 | 新授课 | 课题 | 身边的艺术 | | 上课时间 | 2015年12月18日 | |
| 复习旧知识 | 复习课文《伯牙绝弦》《月光曲》《蒙娜丽莎》《我的舞台》四篇课文的习作方法 | | | 指导学生理顺第八组课文的结构特点和表达方法 | | | |
| 出示本节课的核心内容，让学生独立思考 | 选择自己亲身经历过的事，这样才会有话可说，才能抒发真情实感；<br>把事情的经过写完整，突出重点；<br>将阅读课文中体会到的表达感受的方法运用到习作中，在习作中融入联想和想象 | | | 写学艺过程要注意记叙的六要素；<br>写一次艺术欣赏活动，要抓住场面描写，运用想象和联想；<br>写一件艺术品要把物品的静态和动态特征写出来：静态部分写实，动态部分写虚（由艺术品引出的联想） | | | |
| 小组合作探究 | 回顾学艺的经历；<br>分享自己对一件艺术品的感受；<br>说说自己参加某次艺术活动的感受 | | | 你学艺的经历可能是：学吹芦笙、吹萨克斯、弹钢琴、跳锦鸡舞、跳芦笙舞、唱侗族大歌等；<br>你参加过的艺术活动可能有：银绣表演、西江苗寨看表演、跟别人一起跳黔东南的舞蹈等；<br>欣赏水滴银帽、银手镯、铜鼓农民画、苗族绣品等 | | | |
| 全班交流展示 | 同学们就收集到的图片资料进行交流 | | | 教师指导学生写记叙文要注意详略得当，突出主题的内容要细致描写，次要的一句话交代 | | | |
| 课堂练习与检测 | 学生动手打草稿 | | | 教师巡视指导；<br>教师读范文 | | | |
| 收获与感悟 | 黔东南被誉为歌舞之乡，富有特色 | | | 学生要在习作过程中传承身边的艺术，这需要老师的指导 | | | |

续表

| 年级 | 六年级 | 单元 | 八单元 | 主备人 | 杨春香 | 教师 | 杨春香 |
|---|---|---|---|---|---|---|---|
| 课型 | 新授课 | 课题 | 身边的艺术 | | 上课时间 | 2015 年 12 月 18 日 | |
| 板书设计 | 第八次习作：身边的艺术<br>写学习某种艺术的感受；<br>写一次艺术欣赏活动；<br>写自己喜欢的一件艺术品 | | | | | | |
| 教学反思 | 教师指导学生运用好想象和联想是习作成功的重要保证 | | | | | | |

## 3. 人教版六年级下册第二次习作导学案

表 3.5　导学案

| 年级 | 六年级 | 单元 | 二单元 | 主备人 | 杨春香 | 教师 | 杨春香 |
|---|---|---|---|---|---|---|---|
| 课型 | 讲授课 | 课题 | 我们的民风民俗 | | 上课时间 | 2016 年 3 月 23 日 | |
| 学习目标 | 养成留心观察周围事物的习惯，有意识地丰富自己的见闻，珍视自己的独特感受，积累习作材料；<br>修改自己的习作，并主动与他人交换修改，做到语句通顺，书写规范、整洁；<br>用自己的笔触，反映黔东南地区极具特色的民俗民风；<br>在习作过程中培养学生热爱家乡的感情，增强学生的民族自豪感 | | | | | | |
| 重点难点 | 教学重点：指导学生从繁杂的生活点滴中选取有用的材料进行习作练习<br>教学难点：指导学生效仿第二组课文的表达方法进行习作练习 | | | | | | |
| 知识链接 | 黔东南旅游小手册 | | | | | | |
| 学习过程 | | | | | | | |
| 环节 | 学案 | | | | 导案 | | |
| 课前预习 | 复习第二组课文所运用的表达方法 | | | | 指导学生在课前复习课文中出现的表达方法 | | |

续表

| 年级 | 六年级 | 单元 | 二单元 | 主备人 | 杨春香 | 教师 | 杨春香 |
| --- | --- | --- | --- | --- | --- | --- | --- |
| 课型 | 讲授课 | 课题 | 我们的民风民俗 | | 上课时间 | 2016年3月23日 | |
| 复习旧知 | 运用时间顺序和事情发展的先后顺序两条线索进行描绘。运用总—分结构形式，先用问句概括特点，再用分述的方法进行了描写和介绍，用板块结构形式分别向我们介绍了特色鲜明的民居，展示了地方民居的特色，体现了民居蕴含的民族智慧；分部分介绍了说明的方法，按民居特点和吃穿用等分类的方法对民族特色进行了说明 | | | | 指导学生理顺第二组课文的结构特点、主要内容、表达方法 | | |
| 出示本节课的核心内容，让学生独立思考 | 写一写家乡的民风民俗；<br>家乡的民风民俗给你带来的感受 | | | | 根据习作提示，明确习作内容、范围、要求 | | |
| 小组合作探究 | 小组同学讨论适合自己习作的材料 | | | | 鼓励别出心裁的个性习作；指导共性化作文；<br>明确习作中蕴含的道理 | | |
| 全班交流展示 | 各小组派代表说说写什么，为什么写，怎样写 | | | | 教师明确适合六年级学生习作的素材；<br>对学生既有的习作素材做明确肯定 | | |
| 课堂练习与检测 | 学生动手打草稿 | | | | 教师巡视；<br>教师宣读优秀习作 | | |
| 收获与感悟 | 黔东南民风淳朴，民俗浓厚，主要通过衣、食、住、行来体现 | | | | 在习作中抓住生活的点滴，体现丰富多彩的地域特色 | | |
| 板书设计 | 第二次习作<br>习作内容：家乡的民风民俗 | | | | | | |

续表

| 年级 | 六年级 | 单元 | 二单元 | 主备人 | 杨春香 | 教师 | 杨春香 |
|---|---|---|---|---|---|---|---|
| 课型 | 讲授课 | 课题 | 我们的民风民俗 | 上课时间 | 2016 年 3 月 23 日 | | |
| 板书设计 | 习作范围：叙事描写相结合的记叙文<br>习作要求：从衣、食、住、行入手，选取合适的材料，叙述要完整，描写要生动；写出真情实感，表达对家乡的赞美和喜爱之情；语句通顺，没有错别字，灵活使用从上一节课中学会的表达方法 | | | | | | |
| 教学反思 | 指导学生选材，要选取学生喜闻乐见的内容，另外，采用适当的表达方法也很重要 | | | | | | |

## 第五节　预习指导案

### 一、人教版六年级上册第八次习作预习指导

《我的舞台》把“我”学戏的故事写得生动有趣。你可能也学过某一门艺术，比如书法、绘画、泥塑、雕刻。请写一些你学习某种艺术过程中发生的故事和感受。你也可以写一写自己喜欢的一件艺术品或一次艺术欣赏活动，比如听音乐会、看画展、看花展、看银绣表演、看锦鸡舞、参观美术展等。回忆课文中作者表达感情的方法，注意在习作中加以运用。

读了习作材料，你能提出哪些问题？

**1. 这次作文写什么内容？**

（1）写自己学习某种艺术的过程和感受。

（2）写一件艺术品。

（3）写一次艺术欣赏活动。

**2. 为什么要写这次作文？**

爱美之心人皆有之。黔东南被誉为歌舞的海洋。苗族的百褶裙，

苗族、侗族的银饰，苗族的舞蹈，侗族的大歌、童谣等都是我们生活中常见的艺术品。今天，我们就拿起手中的笔，写一写黔东南的艺术品，表达我们对美好生活的向往和热爱之情。

（1）怎样写好这次作文？

（2）抓住场面描写，并运用联想的表达方式进行写作。

（3）我熟悉什么就写什么。

**3. 合理安排文章结构**

（1）怎么写自己学艺的过程和感受？

第一，什么时候学的？

第二，你为什么要学习这门艺术？

第三，过程怎样？（发生过什么故事？遇到什么困难？你的态度如何？）

第四，从中你得到什么启发？

（2）写一件艺术品。

第一，介绍由来。

第二，描写外形。

第三，联想它蕴含的意义，或代表的某种情感，或某种心愿。

第四，表达自己对这件艺术品的喜爱和赞美的之情。

（3）写一次艺术欣赏活动。

第一，介绍活动时间、地点、人物（开头）。

第二，具体描写你观赏到的活动场景，以及你在此情此景下产生的联想（中间）。

第三，抒发观赏这次艺术活动后所产生的独特感受（结尾）。

## 二、人教版六年级下册第二次习作预习指导

预习步骤：

**1. 自读第 41 页口语交际 · 习作二材料**

**2. 审题**

（1）这次作文写什么？
（2）为什么写这次作文？
（3）这次作文怎么写？

**3. 选材——简答上述三个问题**

（1）可写的事物有哪些？

答：这次习作可以写节日，可以写富有地方特色的服饰、饮食、民居、民间工艺品等。

材料来源：可以是通过课外阅读知道的，可以是调查走访收集的，还可以是在别的地方亲眼看到的、亲身感受到的。

**4. 立意——我们为什么要写这次作文呢？**

我们的家乡黔东南很美。一如广告词所说："黔东南是歌舞的海洋，是百节之乡，是'东方迪斯科的故乡'，是天籁之声产生的地方。"这里风景优美，物产丰富，民族风情浓郁。我们生长在块美丽的土地上，怎能不热爱它呢？既然我们热爱它就用手中的笔把它写下来，以表达我们对它的热爱和赞美之情。

**5. 起草、修改——怎么写呢？**

（1）回想一下本单元课文的写作特点：
《北京的春节》最明显的写作特点是按时间顺序进行叙述。
《藏戏》是按总—分—总的结构安排材料的。
《各具特色的民居》是按板块结构式分写各种民居特点的。
（2）在上述课文中，作者运用了那些常见的表达方法呢？
一是描写，二是说明。
描写的方法有哪些？常见的描写方法有比喻、拟人、排比、夸张等。

说明的方法有哪些？常见的说明方法有列数字、打比方、举例子、下定义等。

（3）你写什么呢？

一定要写自己最拿手、最熟悉的东西。比如，木鼓舞再激越，但是它远离我们的生活，不可取；侗族大歌，对于我们也是遥不可及的，我们最好不写它。那么，我们写什么好呢?例如，我们吃过的别具特色的酸汤菜、糯米饭、红蛋，或是去台江过的姊妹节、跳过的芦笙舞等。

（4）文章结构提示（举例）：

姊妹节（仿照《北京的春节》，可按时间顺序写）；

酸汤菜（按总—分—总结构写）；

苗家吊脚楼（可按总—分结构写，总写它的特点，再分写它的位置、作用、材料、结构、文化特征）；

银手镯（按倒叙的方法写，先写银手镯的纹理图案、大小以及象征意义，再写它普遍存在的理由）。

## 第六节　观课议课讨论表

表 3.6　观课议课讨论表

<table>
<tr><td>授课教师：</td><td>授课内容：</td><td>授课时间：</td></tr>
<tr><td>授课成功的地方</td><td colspan="2"></td></tr>
<tr><td>授课不足的地方</td><td colspan="2"></td></tr>
<tr><td>授课体会</td><td colspan="2"></td></tr>
<tr><td colspan="3">集体讨论</td></tr>
<tr><td colspan="3"></td></tr>
</table>

# 第七节　课堂实录

## 人教版三年级语文上册第五次习作——写一种你熟悉的传统文化课堂实录

（执教　杨春香）

习作目标：

（1）引导学生观察周围事物，乐于书面表达，增强习作的自信心。

（2）引导学生了解中国的传统文化，热爱祖国的传统文化，继承和发扬我国的优良传统文化。

（3）写一篇有关黔东南传统文化的作文。

写一种熟悉的传统文化。

教学过程：

### 1. 导入新课

师：同学们，本单元的课文都在向我们介绍关于传统文化的内容，那么，你们有谁知道什么是传统文化吗？

生 1：就是很古老的文化。

生 2：就是某个国家的古老的文化。

### 2. 传统文化的定义

师：对，同学们说得没错。传统文化就是一个国家文明演化而汇聚成的一种反映民族特色和风貌的民族文化。就是祖先创造的、世世代代继承下来的、具有鲜明民族特色的、历史悠久的文化。

### 3. 传统文化的分类

师：我们中国也有很多的传统文化。它的种类很多，例如书法、京剧、皮影戏、武术、茶、中药、瓷器、年画、舞狮等。

师：接下来，我们大家一起来欣赏我国的各种传统文化的图片。

**4. 说一说黔东南的传统文化**

（1）黔东南的传统文化包括哪些？

民族歌舞、民族节日、民族刺绣、民族银饰

（2）黔东南的歌舞有哪些？

木鼓舞、锦鸡舞、板凳舞、侗族大歌、苗族飞歌等。

（3）你熟悉哪些黔东南的民族节日？

鼓藏节、苗年节、姊妹节、吃新街、芦笙节、二月二等。

（4）你熟悉黔东南的刺绣作品吗？刺绣的图案有哪些？

鱼、龙、鸟、蜈蚣、蝴蝶、花、草等。

（5）你熟悉和喜爱哪些黔东南的银饰种类？

水滴银帽、手镯、长命锁等。

**5. 师生一起欣赏有关中国传统文化的图片，欣赏黔东南传统文化的图片**

**6. 小组交流**

你熟悉哪一种传统文化？

师：同学们，我们身边的传统文化有很多，你留心观察了吗？你熟悉哪一种传统文化呢？和小组的同学交流。

学生小组合作交流，老师巡视指导。

**7. 汇报展示**

师：同学们已经互相交流了，老师知道很多同学很想到台上来跟全班同学交流展示。那么，现在我们请各小组推荐一名同学来台上介绍交流，可以用不同的形式。

学生或介绍或表演展示，用不同的形式展示他们所熟悉的传统文化。

**8. 习作指导**

师：我们学习目标里的前面两个问题解决了，接下来我们要解决第三个问题：写一种你熟悉的传统文化。很多同学说的时候还不错，但一动起笔来就犯难了，这是因为同学们没有掌握好作文的开头怎么写。一句话：万事开头难。今天老师就来教教同学们怎么写作文的开头。

（出示课件）

教师对着课件讲解本次作文的开头、中间和结尾怎么写。

学生拿出预习单，进行修改。

出示范文，大家一起快速读范文，让学生在头脑中建立一个作文模式。

师：同学们，通过昨天的预习以及今天老师的讲解，你们已经知道了怎么写这次作文。现在我们就把已经修改好的预习单上的作文重新誊抄到作文本上。

**9. 誊抄作文**

学生进行习作修改和誊抄，老师巡视指导。

**10. 优秀作文展示**

师：同学们已经把自己的作文誊抄好，现在老师就请几个写得比较好的同学来展示一下自己的作文。

优秀作文朗读展示。

**11. 总结**

师：黔东南的民族文化丰富浓厚，大家也非常熟悉。希望同学们都一起来传承我们身边的民族文化，让我们的民族文化绽放光彩。

**课堂简评**　杨春香老师以调查问卷的话题为依据，从两个方面指导学生进行选材。一个是大范围的中国传统文化内容，另一个是小范围的黔东南传统文化内容。首先杨老师让孩子们交流传统文化的内容，然后再通过多媒体课件展示传统文化的具体形式，从视听两个方面为孩子们选材做了充分准备。在材料充足的情况下，孩子们在 40 分钟内很好地完成了 400 字作文。

**简评教师**　凯里七小清平南路校区教师：王　英　姜秋英

## 人教版六年级语文上册第八次习作——写身边的艺术课堂实录

（执教 杨春香）

教学目标：

（1）懂得习作是与他人交流的重要手段。

（2）掌握写身边的艺术类作文的基本技巧，做到内容具体，感情真实。

教学过程：

### 1. 创设情境，谈话导入

师：同学们，你们看我给你们带来了什么？（教师出示西江苗寨民族表演部分节目视频、一顶水滴银帽、一把小芦笙，以及大家欢庆苗年的图片）

师：感觉如何？

生：美。

师：这是视觉的享受，你们还想看吗？（板书：来自视听的美感）

生：想。

师：看看我还带来了什么？（老师出示一幅本班同学画的油画）你们说说这是照片还是油画？

生：照片。

师：其实这是一幅油画，瞧，能够这样真实，需要付出多少努力呀，这也是视觉的享受。

师：同学们，我们刚刚感受到了艺术的无限魅力，其实，艺术离我们并不遥远，它就在我们的生活、学习中，就在我们身边。今天我们就来说一说、写一写我们身边的艺术（教师板书：身边的艺术）。

### 2. 审清题目，讲清写法

师：请同学们打开语文课本习作八，小组合作学习：读了习作材料，你能提出哪些问题？

师：这次作文可以写什么？

生 1：可以写一写学艺的过程。

生 2：可以写一件艺术品。

生 3：可以写艺术活动。

师：同学们可以以小组的形式进行讨论，看看这三个内容怎么写？

生：写艺术品、欣赏活动要注意在习作中运用课文中学到的表达方法。

师：那课文中写艺术品、欣赏活动时用了什么表达方法？

生：作者运用了联想和想象。

（教师板书：联想和想象）

师：产生联想，能使文章的意境更幽美，而在写作时加入联想和想象，可以丰富写作的内容。大家在写的时候可以借鉴作者的这种表达方法。另外，老师还有两点提示：

第一，写艺术品即写物，要注意表达顺序，写清楚物的特征，然后由特征引发联想。

（教师提示，学生齐答）

第二，写欣赏活动时，可能涉及场面描写，要注意有点有面，点面结合。

（教师提示，学生齐答）

师：还有哪些要求？

生：写学艺故事要写出感受。

师：学习一门技艺固然重要，更重要的是我们在学习过程中，所获得的成功的体验和失败的教训，以及心理上体验到的酸甜苦辣、喜怒哀乐。能把这些也写出来，你就是作文高手了。

生：在文章的结尾处写感受。

师：除了在结尾处写，还可以在讲述你的学艺过程中写。

师：可以写一段经历。典型事例要详写，一般事例略写，详略得当。

3. **拓展选材，打开思路**

师：你有过学艺的经历吗……？谁来说说你想写什么？

生：写学吹芦笙、学唱苗歌、学苗族刺绣、学画画、学书法……

师：看来我们六年级二班的同学艺术素养很高，选材这么广泛，下面就在小组内把你要写的内容具体说一说，注意我们习作的要求。

师：谁先来说说？

生：写一次参加学习刺绣的过程。

师：有没有想写其他两项内容的？谁来说一说？

生：写水滴银帽……

师：谁还能给他的文章提提建议？

生：他介绍水滴银帽的时候应该按五行的排列顺序进行才对。就是按金、木、水、火、土的次序介绍水滴银帽的含义。

教师总结：同学们的意见非常好。在这次习作练习中，我们不仅要把身边的艺术介绍给外界的朋友 还要用上想象和联想的方法，以及场面描写等表达方式来表达自身对艺术品的独特感受。可以说，这一次习作训练，体现了同学们在小学阶段习作的最高水平。

**课堂简评**　在这节作文课上，杨春香老师从多媒体课件展示开始，让孩子们明确写作的内容；紧接着，利用小组合作的方式复习从课文中学到的表达方法；最后通过范文引领让学生创造性地表达。这节作文课设计合理，指导方法恰当，让孩子们在轻松愉悦的氛围中完成了400 ~ 600字的习作。

**简评教师**　凯里七小清平南路校区教师：王　英　姜秋英

## 人教版六年级语文下册第二单元习作
## 授课实录

（执教　杨春香）

教学目标：

（1）利用教材的开放性和弹性，满足少数民族地区学生的学习和发展需求，写出具有黔东南民族特色的文章。

（2）养成留心观察周围事物的习惯，有意识地丰富自己的见闻，珍视个人的独特感受，积累习作材料。

（3）掌握习作的基本技巧，做到内容具体，感情真实。

教学过程：

**1. 课前活动**

师：同学们好！请大家准备好纸笔，我们来做一个有趣的活动。首先，请同学们把你同桌的名字写在纸上，再把他名字的最后一个字，单独写在一边。然后在这个单名的前面加上敬称。男同学单名前加“哥哥”的“哥”，女同学单名前加“姐姐”的“姐”。比如，“芳”字前面加“姐”，我们把这两个字连起来念就是“姐芳”，“彬”字前面加“哥”，然后我们把这两个字连起来念就是“哥彬”（老师话音刚落，全班同学窃窃私语，一脸兴奋）。下面，我们就按照这个方法称呼一下你的同桌吧（同桌之间互相称呼对方，遇到男女同桌、相互称呼对方时，脸都变红了，显得很激动）。

师：同学们，这样称呼你们感觉如何呢？

生 1：我感觉很不好意思。

生 2：这样称呼，让我感觉很亲切。

师：同学们，你们的感觉很正确。称呼也是风俗习惯的体现。在黔东南，这样的风俗习惯很多，今天我们就来练习一下。

教师出示课件，按衣、食、住、行四大类展示黔东南的民风民俗。

**2. 课堂学习**

师：请同学们打开课本第 41 页，用自己喜欢的方式读三遍口语交际习作二中的范文。同学们读完后请快速举手示意。

师：同学们读完这篇习作短文后有什么想法呢？

生 1：老师，这次习作要写的是我们身边的民风民俗。

生 2：这次习作还可以写我们看到的、听到的风俗。

师：同学们回答得真好。那么，我们身边的民风民俗指的是哪几个方面呢？

生1：我知道！我们身边的民风民俗指的是衣、食、住、行四个方面。

生2：我知道！我们身边的民风民俗有很多，比如过苗年、姊妹节，吃五彩糯米饭，跳芦笙舞，挂红蛋。

生3：我们身边的民风民俗还有很多，比如苗族、侗族人都喜欢住的吊脚楼。

师：同学们真棒！你们的知识面真广。下面，老师按衣、食、住、行分类给同学们讲解我们身边的民风民俗。

（课件展示）

衣服饰品类：银花冠、银牛角、银手镯、鼓形圆筒银耳环（衣）、苗族百褶裙；

美味饮食类：酸汤鱼、酸汤菜、腊肉香肠、腌鱼腌肉、榕江卷粉、三穗灰碱粑、糍粑、糟辣椒等；

居住建筑类：吊脚楼、风雨桥、侗寨鼓楼等；

节日活动类：苗年、姊妹节、斗牛节、芦笙节等；

文化艺术类：侗族大歌、苗族飞歌、侗族童谣、木鼓舞、锦鸡舞、板凳舞等；

劳动工具：鱼梳、鱼笊、风箱机、宽嘴锄等。

**3. 检查学生的作文预习情况**

师：同学们，昨天老师已经布置了作业，让同学们记录自己最熟悉、最喜欢的民风民俗，同学们都完成了吗？

生1：老师，我记录的是过苗年的盛况。

生2：老师，我喜欢的民风民俗是挂红蛋。

生3：我要向读者介绍酸汤鱼。

生4：老师，我写的是凯里郊区巴拉河沿线的吊脚楼。

……

师：看来同学们跟老师想到一块去了。写作文就要写自己最熟悉、最拿手的。从同学们选取的材料来看，你们想写的就是我们经常吃到的美味酸汤系列、有象征意义的五彩糯米饭，手上戴的银饰，住过的吊脚楼，唱过的童谣等。我们马上动笔写吧。

**4. 指导学生掌握习作技巧**

师：同学们，我们已经掌握了材料，要怎么写才好呢？

生1：我通过老师提供的预习指导掌握了仿写的方法。

师：你能具体说说吗？

生1：我要模仿老舍先生的《北京的春节》，写一写我们苗族人是怎么过苗年的。

生2：我要用总—分—总的结构写一写我们黔东南的美味素食酸汤菜和榕江卷粉。

生3：我要用想象的方法写一写我的银手镯。

师：同学们的想法不错。下面我们开始动笔吧。

**5. 课件展示，指导写作**

开头怎么写：场面描写法、环境描写法、引用开头法、巧用修辞法。

中间怎么写：抓住三种叙述顺序中的一种进行叙述。这三种顺序分别是时间顺序、空间顺序、事情发展的先后顺序。

结尾怎么写：照应开头，篇末点题，前后呼应。

**6. 老师请学生读范文**

**7. 学生起草作文**

**8. 老师当场抽取学生的三篇习作进行点评**

教师总结课堂：同学们，课后大家还要进一步分享手中的材料，彼此互相交流感受，互相修改作文，我们还要把同学们的优秀习作编成一本作文集。

**课堂简评** 杨春香老师的这堂作文指导课紧扣语文新课标要求，

为学生提供了一个拓展的空间。尤其是她在帮助学生选材找米下锅这一细节上做得很好。同时，她还在技法指导上做得很细致，便于学生写出既具有民族色彩又具有时代气息的作文。

**简评教师**　凯里七小清平南路校区教师：王　英　姜秋英

# 第四章
# 教师学习内容

在进行课题研究之前和研究过程中，课题组成员为了研究更具针对性、实践性和操作性，专门学习了相关方面的知识。

## 一、网络资源学习内容

### 1. 积累名言警句

（1）善读未写书，不守图书馆，天地阅览室，万物皆书卷。

——叶圣陶

（2）“语文跟别的课有点不同，学生随时随地都有学语文的机会：逛马路，马路旁边有广告牌；买东西，有附带的说明书，到处都可以学习语文。”只有让学生独具个性的感官去观察社会、生活中他们感兴趣的事物，学生的习作才会有新意，有个性。

——吕叔湘

（3）读书就像蜜蜂采蜜一样，倘若叮在一处，所得就有限。必须如蜜蜂一样，采过许多花，才能酿出蜜来。

——鲁　迅

（4）伟大的成绩和辛勤的劳动是成正比的，有一分劳动就有一分收获，日积月累，从少到多，奇迹就可以创造出来。

——鲁　迅

### 2. 语文教师指导小学生积累作文素材的方法

（1）教会学生运用观察手段积累写作材料。

（2）观察是人们认识事物的主要途径，是从事其他工作不可缺少的一项基本功，尤其对指导学生积累写作素材，起到了举足轻重的作用。在引导学生观察时，首先，教师要教会学生观察的方法、顺序，使他们学会有条理地观察事物。其次，教师要让学生明确观察的目的。重点的要让学生仔细观察，次要的、无关紧要的则不必多说。另外，还要经常引导学生留心观察身边的人和事、景和物，及时捕捉新鲜的有意义的目标。实践经验告诉我们，小学生只有仔细观察，才能看细看全，才能积累素材。

深入生活，扩大视野，加强记忆，让学生主动地从生活实际中积累素材。多读、熟读、广记是积累材料的有效方法。生活是写作的源泉，既是事实，也是法则。教师要引导学生走向社会，走向大自然，让他们在更大范围的实践中，学会全方位地接收信息并养成思考的习惯。所以，我们要解放学生，让他们多接触大自然和现实社会，充分调动多种感觉器官，多问几个“为什么？”没有记忆一切都是空话。教师要引导学生在观察体验的基础上，形成记忆，指导学生写好读书笔记。例如，可以让学生摘录好词佳句、优美片段等。对于学生摘抄的内容，教师可采取点名背诵、同组互背等形式，让学生牢牢记住。另外，老师也可以让学生经常谈读书体会，这样也有助于记忆。

积极开展活动，拓展学生生活的空间，让学生在第二课堂积累素材。教师要紧扣教材，组织学生开展校内外活动，如放风筝、野炊、跳绳、拔河等。教师指导活动应常“换”常“新”，这样才能让学生对活动“情有独钟”。这就是人们常说的“喜欢的魅力在于不断地更新”。在活动中多观察，教师一定要现场指导，先让学生说一说观察到的事物，然后，纠正学生说得不对的地方，使学生及时、准确、生动地把观察到的内容转换成语言，使他们养成仔细观察、捕捉观察素材、认真思考的好习惯，从而提高学生积累素材的能力。另外，要多动。课堂上，老师要让学生动起来，让他们自编自演课本剧，多练口语交际，这样也有利于积累素材。

启发学生思维，大胆想象，让他们在联想中积累素材。没有联想就没有创造。因此，教师在指导学生进行观察时，应启发学生运用已有的生活经验和知识，进行积累思考，展开丰富的联想，从而在脑海中形成种种画面。学生在作文中的想象分为细节想象和组合想象。细节想象，就是根据一定的生活环境，在头脑中对特定事物所进行的细致描写。组合想象，就是根据多种事物的表象塑造自己头脑中对特定事物所产生的形象，如看图作文、扩写、缩写。想象是儿童把自己的愿望和理解加以具体化的一个思维过程，教师要善于启发学生对事物的再思考。学生往往觉得对熟悉的事物无法下手。这时，教师应充分启发学生，引出他们记忆中的素材，把内存信息转化为语言。

培养学生坚持写日记的习惯，从而积累素材。培养学生坚持写日记的好习惯，不但有助于学生提高观察力，而且有助于学生语言文字表达能力的提高。通过日记，学生更加细心地观察身边的人和事。日积月累，学生在写日记的过程中积累了素材。法国雕塑家罗丹曾说："生活中不是缺少美，而是缺少发现美的眼睛。"对小学生而言，作文素材就在身边。只要我们鼓励学生勤于观察、思考，注意积累，再加上教师适当地指导，学生那种腹中空空、无话可说的状况将会得到改善，学生的写作水平也会得到提高。

## 二、学习教辅资料内容

### 1. 什么是作文?

作文是经过人的思想考虑和语言组织，通过文字来表达一个主题意义的综合性练习。作文分为小学作文、中学作文、大学作文（论文）。作文体裁包括记叙文、说明文、应用文、议论文。

**2. 小学生作文的目的是什么?**

与他人交流。

**3. 对小学生的写作要求是什么?**

写好记实作文和想象作文。

**4. 小学生作文主要写哪些内容?**

人、事、物、景。

**5. 小学生作文的具体内容有哪些?**

（1）写生活中的小事。

（2）写身边熟悉的人。

（3）写周围的景物。

（4）写有趣的事物。

**6. 不同内容的作文的写法技巧有哪些?**

（1）写人——抓住人物的特点来写。人物的特点是通过一个人在做某件事的过程中，他在特定的时间和特定的地点下表现出来的，通过外貌、神态、动作、心理活动来体现。

（2）写事——抓住事件的六要素来写。即事件发生的时间、地点、人物；事件的起因、经过、结果。

（3）写景——抓住景物的特点，按一定的顺序，用恰当的表达方法来写。

（4）写物——抓住事物的静态或动态特征，描写它的形状、特点、功用以及由此物产生的联想等。

**7. 小学生的作文技法有哪些?**

（1）写出精彩的开头——开门见山法、环境描写法、引用开头法、巧用修辞法。

（2）写出精彩的结尾——照应开头、篇末点题、前后呼应、巧妙发问。

（3）写作顺序——时间顺序、空间顺序、事情发展顺序。

**8. 怎样处理材料?**

（1）抓住写作重点，突出文章中心。

（2）前后照应，使主题升华。

（3）主要内容、和中心密切相关的内容详写，次要内容略写，无关的内容不写。

**9. 怎样描写事物和景物的特点?**

（1）用眼睛看。

（2）用耳朵听。

（3）用鼻子闻。

（4）用舌头尝。

（5）用心感受。

**10. 怎样写好句子?**

（1）正确使用平时积累的词语。

（2）运用修辞手法使表达更精彩。

（3）巧用古诗词，增添文章亮点。

（4）运用生活中常用的熟语。

（5）运用幽默风趣的语言。

**11. 想象作文从哪里来?**

（1）想象来自知识。

（2）想象来源愿望。

（3）想象来源于大胆的构想。

（4）想象要有明确的目的。

# 第五章
# 课题研究总结

课题“把黔东南民风民俗引进小学作文教学的实践与研究”于 2014 年 9 月向黔东南州教科所提出立项申请，11 月被黔东南州教科所正式确立为州级重点课题。课题研究结束时间定于 2016 年 11 月。在活动开展期间，我们得到了各级领导部门和学校领导的关心和支持，如今，课题研究的各项工作已全面结束，作为课题负责人，下面笔者就课题开展的各项工作情况进行一个简要的总结。

## 一、课题研究的基本情况

课题“把黔东南民风民俗引进小学作文教学的实践与研究”（原课题名为“地方风物进入小学作文教学的实践与研究”）立项时间为 2014 年 12 月，结题时间为 2016 年 11 月。自立项以来，我们的研究实践得到了各级领导的大力支持。2014 年 1 月，大十字中心校对我们进行了课题研究培训；2016 年 1 月，课题组再次接受培训；2016 年 7 月 8 日，课题负责人在丁广琴名师工作室聆听专家的讲座。各种培训学习为我们的课题研究奠定了基础。课题研究分三个阶段进行。第一阶段（2014 年 9 月—2015 年 5 月），课题研究的工作重点在：课题组成员制订个人计划，写好教学论文，进行理论学习，搜集和分析黔东南民风民俗各项资料，选择作文训练的实践课堂。第二阶段（2014 年 9 月—2016 年 8 月），课题研究的工作重点在：师生一起参加社会实践活动，体验生活，给学生设计调查问卷，收集整理资料；成员组教师授课，课题组成员讨论学习，写好下水作文，指导学生写作；授课教师做好课堂实录；收集学生优秀习作。第三阶段（2016 年 3 月—2016 年 10 月），课题研究工作的重点在：课题负责人撰写结题报告；课题组成员进行总结性学习，课题组成员撰写研究总结；课题组成员编辑师生文集；课题组主要成员制作课题研究成果 PPT 课件。另外，课题研究期间，课题组成员有变动。课题组由三名教师组成，分别是课题负责人杨春香、组长王英、组员姜秋英。经过两年时间的实践与探究，目前课题各项研究活动已顺利结束。

## 二、课题开展情况

（1）课题负责人制订总计划，各成员制订个人计划，并写好教学论文。

（2）课题组成员进行理论学习，掌握小学各年段作文教学要点。

（3）课题组成员学习语文新课标的教材实施部分内容，明确本次课题研究的重大意义。

（4）搜集和分析黔东南民风民俗各项资料，选择作文训练的实践课堂。

（5）师生一起参加社会实践活动，体验生活，拍摄照片、视频。

（6）给学生设计调查问卷，收集整理资料。

（7）成员组教师授课，课题组成员讨论学习，写好下水作文，指导学生写作。

（8）授课教师做好课堂实录，收集学生优秀习作。

（9）课题组成员汇总研究成果。

（10）课题负责人撰写结题报告。

（11）课题组成员进行总结性学习。

（12）课题组成员撰写研究总结。

（13）课题组成员编辑师生文集。

（14）课题组主要成员制作课题研究成果 PPT 课件。

## 三、课题研究取得的成果

### （一）教师的研究成果

（1）课题组老师每人制订一份研究计划，做一次课堂授课实录，写一份研究总结，写一份实践与研究的心得体会。

（2）教师为学生设计调查问卷。

（3）教师分期进行讨论学习。

（4）课题组老师针对课题研究撰写的论文。

（5）教师授课的导学案、课件以及收集的资料图片。

（6）教师给学生写的范文（每位教师完成 1 ~ 2 篇范文）。

（7）师生参加实践活动的图片资料。

### （二）学生的学习成果

（1）孩子们懂得了没有实践活动就不能写好有关黔东南民风民俗作文的道理。在研究过程中，各种活动激起了孩子们热爱生活的情感，培养了他们留心观察的好习惯。

（2）孩子们通过问卷调查知道该写什么。在本次探究活动中，老师们利用调查问卷的形式帮助学生们解决了很多问题。

（3）孩子们能区分物质文化和精神文化，能借助作文预习解决如何取舍民风民俗材料的问题。

民族文化是各民族在其历史发展过程中创造和发展起来的，具有民族特点的文化。它包括物质文化和精神文化两种。物质文化指衣、食、住、行等方面。而精神文化指的是语言、文字、科学技术、节日活动等。对比物质文化和精神文化二者，物质文化是小学生易于接受和掌握的，而精神文化是他们难以掌握的。

（4）学生们能在习作中言之有物、言之有序。

（5）孩子们懂得各学科课程都是习得民风民俗的途径。

学校开设的综合实践课、音体美课、思想品德课、社团活动课等为孩子们提供了广阔的平台。

（6）孩子们学会了如何收集与黔东南民风民俗有关的图片资料、小视频等。在日常的习作训练过程中，积累素材是写好作文的关键。

（7）孩子们能在老师的特色激趣和范文引领下，快速作文，能在40分钟内完成400字的习作。老师在指导学生写作民风民俗方面的作文时，首先要设计有趣的活动。教师本身能很好地掌握民风民俗，并能根据民风民俗的特点设计好作文课堂教学的导入细节。在兴趣的驱使下，学生很快地进入习作角色。

（8）在各种形式的作文训练中，孩子们的表达技巧不断提高。在孩子们的日常训练中，看图说话写话、写日记、口语交际、语文综合性实践活动、课后小练笔、课堂40分钟限时作文等，都是常见的习作训练方法。

（9）孩子们在习作过程中学会了合作学习。

所谓合作，就是指人们为了很好地完成共同的任务，有明确的任务分工的过程，并以实现共同的理想为目的。在本次实践探究过程中，孩子们深刻体会到，进行实践活动需要团队精神。

（10）在习作中，孩子们在学会作文的同时学会了做人。

## 四、课题研究存在的问题

（1）课题的初始拟定范围过大。“地方风物”一词外延很广，具体指向不明确。把“地方风物”改为“黔东南民风民俗”，范围缩小了，研究目的也更明确了。同时，我们经过专家指点，又经过课题组主要成员商议，将原来的课题名“地方风物走进小学作文教学的实践与探究”改为“把黔东南民风民俗引进小学作文教学的实践与研究”。

（2）课题研究时间仓促，对课后小练笔一项的实践研究不够。

（3）课题组成员安排欠合理，从而影响了实践研究的质量。

（4）课题研究范围狭小，研究成员的纵向实践研究较好，横向研究不够。

（5）学生实践活动受限。

（6）课题研究成员有实际的教学经验，但缺乏理论研究，对经验总结不够。

（7）校内教师缺少有关民风民俗方面的培训。

（8）学生调查问卷设计得还不够完美，不能面面俱到。

## 五、今后努力的方向

在课题探究活动中，我们感受很多。在作文教学的实际操作中，老师们进步了。不论是知识，还是理论经验，都有所增长。在学生方面，学生在实践活动中不但获得快乐，还收获了知识，掌握了表达的技巧。同时，师生的民族自豪感也逐渐增强。今后，我们努力的方向有以下几个方面：

### （一）教师方面

（1）强化民风民俗教学意识，树立文化教育与本地区旅游强州的经济路子相结合的理念。我们既要保住生态和文化，又要谋求发展。广大语文教师要为本区经济建设培养大批的高素质人才而努力。

（2）老师们要长期坚持学习作文教学的各种理论和方法，争取时间和机会参加外面的培训班，学习民风民俗表达技巧。

（3）自觉学习并掌握本民族的民俗民风特点，给孩子们做出表率。

（4）争做少数民族地区双语教学的模范。

（5）按黔东南节日进程，师生一起穿戴民族服饰进入校园，有目的地传承黔东南服饰文化。沿着本次课题研究的路子，进行新一轮的研究和探索。老教师主动为师，年轻教师主动拜师，互相学习，共同进步。

（6）坚持用理论指导实践，再上升为通过实践总结出新的理论。最后把实践经验运用到实际教学中，形成独特的黔东南民族特色的小学作文教学体系。

### （二）学生方面

（1）帮助学生树立爱家乡、爱祖国，热爱家乡的民族文化，热爱祖国的传统文化的意识。

（2）继续使用问卷调查法，促使学生不断积累素材，提高所积累的素材的质量。

（3）指导学生说好普通话和本民族语言。

（4）指导学生善于在生活中捕捉美好的人、事、物、景，养成与他人分享的良好品质。

（5）积极参与各种形式的活动，做生活的有心人。懂得生活有多宽广，作文就有多宽广的大语文学习概念。把生活与语文学习以及作文训练紧密地结合起来。

（6）热爱学习，学会做人，学会作文。

综上所述，本课题能如期顺利结束，与各级领导全面的关心和支持分不开，在此，我们对各位专家、各级领导表示衷心的感谢。此外，课题能如期开展，也是与课题组一线语文教师的辛劳付出分不开的。今后，我们将一如既往地探索“把黔东南民风民俗引进小学作文教学”的新路子。为祖国辉煌，为家乡美好的未来培养更多更好的人才而努力。我们坚持走：生活是基础、教师是主导、学生是主体、实践体验是课堂、习作训练是手段、起草修改是提高、分享交流是美德的作文教学之路。最后，我们真诚地希望各位老师对我们的课题研究提出宝贵意见。

# 第六章
# 课题研究心得体会

语文新课标指出：写作是运用语言文字进行表达和交流的重要方式，是认识世界、认识自我，进行创造性表述的过程。但是，在我们的日常教学中，学生一提到写作文就头疼，不知道写什么。目前，我们使用的是人教版教材，编排特点显著，每个单元都有鲜明的主题，如爱国情感、环境保护、人间真情、自然知识等不一而足，可谓内容丰富多彩，形式多种多样。每一个主题都是小学生应该懂得的道理。人教版材料具有开放性和弹性，给我们少数民族地区的教师留下了开发和选择的空间，也为我们的学生留出了选择和拓展的空间，为黔东南的小学生的学习和发展提供了舞台。纵观我们手中的教材，从小学低年段的口语交际到高年级的作文训练，都有把民风民俗写进习作的要求。灵活运用教材是教师的本职工作，也是教师能力的体现。因此，笔者选择了“把黔东南民风民俗引进小学作文教学的实践与研究”这个课题进行探究。目的在于提高小学生积累素材的能力；推进作文高效课堂，向 40 分钟要质量，实现当堂完成 400 字的作文；传承黔东南地区少数民族文化传统，做民族文化的继承人；在习作中提高学生的审美情趣，培养学生良好的道德品质。目前课题研究已经全面结束，下面笔者从几个方面谈几点体会。

## 一、课题研究是促进教师专业化成长的必经之路

自课题“把黔东南民风民俗引进小学作文教学的实践与研究”立

项以来，作为课题的主要负责人，在过去的两年时间里，笔者一边总结过往的作文教学经验，一边努力钻研教材。笔者反思过去二十多年作文教学实践活动，其实，我们目前使用的教材对学生的习作要求是很灵活的。从小学低年级到高年级的口语交际或习作练习中，共 12 次对孩子们提出要求，这些要求分别是夸家乡、写家乡的美景、写家乡的艺术品、写家乡的见闻感受。而学生们在进行主题写作时，往往缺少地方色彩和时代气息。要么拿作文选上的文章来改一下地名或改一下人名就算完成任务，要么整篇抄袭、背诵别人的文章，以应付日常训练或考试。这不是我们作文课堂的目的。通过实际教学笔者发现，每一次写与黔东南民风民俗有关的文章，孩子们都不知道如何下手，这个问题引起了笔者的反思。我们要怎样指导孩子，他们才能把民风民俗很好地写进作文呢？为了解决这个难题，笔者开始进行大量的学习和研究。在这几年的时间里，笔者用心琢磨语文新课标对小学各年级学生习作的要求，紧接着，又分析在各年段的习作训练中，民风民俗内容在各册训练中的分布情况。在问题的驱使下，笔者认真阅读语文新课标理论，查阅各种作文教学指导用书，在网上查询最新作文教学新成果，反复学习作文评课、议课的方法和作文教学的基本技能、技巧。经过不断地探讨，笔者总结出了几个适合黔东南小学生运用民风民俗素材的方法：（1）认真开展语文综合实践活动。（2）语文教师必须热爱且谙熟黔东南民风民俗。（3）写小不写大、写近不写远。（4）习作前一定要预习指导。（5）学生之间共享素材资源。

## 二、课题研究遵循自然规律

万物皆规律，有法天下和。笔者在这次课题研究的过程中，首先考虑到几个问题。一是黔东南的民风民俗包含哪些方面？这些风俗分布在什么地点以及什么季节？二是教孩子们怎样收集、整理资料。三是教学生们利用材料。小学生如何从黔东南的民风民俗中选取元素，并把它们运用于习作中呢？为了解决这些问题，笔者先对黔东南的民风民俗按衣、食、住、行四个方面进行分类。从地理位置、时间先后两方面对民风民俗进行分析。最终得出：黔东南的苗族服饰被誉为穿在身上的历史，苗族服饰上的图案的象征意义是小学生暂时还不能理解的。所以，笔者把这一点放在收集材料的次要范围。孩子们对黔东南的饮食最为熟悉。比如酸汤系列一年四季都有，教师可以随时安排学生进行观察记录。对于黔东南的节日活动，笔者按时间推移，按顺序安排学生参加，并指导学生结合教材主题，写好日记和小练笔。孩子们平常去现场感受生活、收集材料都是依据授课顺序要求进行的，这不但减轻了学生的学业负担，还让学生感受到其实生活就是语文学习的内容。在研究过程中，笔者还感受到，黔东南的民风民俗内容丰富，种类繁多，对于没有人生阅历、基础知识不牢固的孩子来说，要让他们在口语交际和在习作训练中把它们写出来不是一件容易的事。所以，笔者特别注重教材中的语文综合性实践活动。在指导学生收集民风民俗的素材之前，必须认真备课。笔者既要备教材，又要备学生。笔者根据学生的实际水平和已有的认知经验，制订切实可行的活动计划，在教师的引导下，通过学生和家长的努力，达到课堂教学要求。在学生们材料准备充分的基础上，运用小组合作学习的方式与同学共享资源。笔者随之有计划地把资料带入课堂，让课堂习作达到预期的目的。通过研究，笔者总结出：把黔东南民风民俗引进小学生的作文教学，首先要遵循孩子的发展规律，写小不写大，写近不写远，写熟悉的饮食、银饰、吊脚楼，写参加过的节日活动。学生在练笔之前必须先进行语文综合性实践活动，实践是动笔的基础，让生活的充实弥补小学生知识的不足。另外，在学生动笔之前，教师必须为孩子设计适当合理的问题，让学生在问题的引领下，适当记录和整理材料，待材料收集齐全后，借助课堂，让学生分享材料资源。紧接着，老师对学生进行习作目的、习作内容、习作范围、习作技巧四个方面的指导。按照上述步骤，在老师的精心指导下，小学各年段的学生都能很好地写作反映黔东南民风民俗的优秀篇章。

## 三、课题研究讲究科学依据

在两年的实践研究中，笔者从众多的材料中寻找科学的理论依据来指导课题研究。课题研究的目的、研究的内容、研究的过程、研究的方法都不能随意界定，必须有科学的依据作为指导。笔者进行课题研究的科学依据主要来源于语文新课标要求。

（1）语文课程的性质和地位。语文是重要的交际工具，是人类文化的重要组成部分。工具性和人文性的统一，是语文课程的基本特点。

（2）语文课程的基本理念。语文是实践性很强的课程，应注重培养学生的语文实践能力。学习资源和实践机会无处不在，无时不有。语文课程应该是开放而富有创新活力的，应尽可能满足不同地区、不同学校、不同学生的需求，并能根据社会的需求不断自我调节，更新发展。

（3）课程目标。课程总目标要求小学生能具体明确、文从字顺地表达自己的意思。能根据日常生活需要，运用常见的方式写作。课程阶段目标要求小学生做到：1～2 年级学生对写话感兴趣，写自己想说的话，写想象中的事物，写出自己对周围事物的认识和感受。3～4 年级学生留心观察周围事物，乐于书面表达，增强习作的自信心；能不拘形式地写下见闻、感受和想象，注意表现自己觉得新奇有趣的或印象最深、最受感动的内容。5～6 年级学生懂得习作是为了自我表达和与人交流，养成留心观察周围事物的习惯，有意识地丰富自己的见闻，珍视个人的独特感受，积累习作材料。

值得一提的是，语文新课标在教材实施上也提出了一些建议：

（1）教材应体现时代特点和现代意识，关注人类，关注自然，理解和尊重多元文化，有助于学生树立正确的世界观、人生观、价值观。

（2）教材要有开放性和弹性。在合理安排基本课程内容的基础上，给地方、学校和老师留出开发、选择的空间，也为学生留出选择和拓展的空间，以满足不同学生学习和发展的需要。

（3）各地区都蕴藏着自然、社会、人文等多种课程资源。要有强烈的资源意识，去努力开发，积极利用。

（4）教师是学习活动的组织者和引导者。教师应转变观念，更新知识，不断提高自身的综合素养。应创造性地理解和使用教材，积极开发课程资源，灵活运用多种教学策略，引导学生在实践中学会学习。

笔者以上述理论为出发点，不断学习，不断探究新的作文教法。众所周知，作文教学不是孤岛。目前，在全国范围内，作文教学研究硕果累累。各路先驱已经为我们带路，我们理应紧随其后，虚心向前辈学习。认真学习同行们的研究成果，保证作文课堂具有实效性，杜绝小学生习作中瞎编乱造、整篇抄袭的问题。

## 四、课题研究见证新时代所需要的团队精神

所谓合作，就是指人们为了更好地完成共同的任务，有明确的任务分工的过程，并以实现共同的理想为目的。笔者在课题研究过程中，充分感受到团队全体成员的努力。在课题立题之初，我们一起讨论研究的问题内容，研究解决问题的方法，制订计划，大家一起备课、听课、评课和议课。尤其在备课、观课、议课三个环节，大家讨论得很热烈。笔者和团队成员们一起分析哪些材料能进入学生的习作，哪些材料不能进入学生的习作；不同的材料该如何收集整理；材料收集齐全后，师生怎样保存和分享材料，等等。在这次活动中，笔者充分感受到，没有团队的精诚团结，没有大家的通力合作，课题研究是不可能如期展开的。

## 五、课题研究需要创新精神

一个语文老师，一个具有责任感和使命感的教师，要潜心研究教材，热爱生活，把语文教学与现实生活紧密结合起来，通过课堂教学，让学生感知生活即创造性习作的源泉。作文教学来源于生活。教师要

努力改变自己的教学方法，探究有效的作文教学法，让学生在小学阶段打好基础，掌握好基本的技能技巧。必须尊重生活的本真，而不是一味地任由学生去抄袭作文集里的作文，甚至背诵别人的作文。为了让孩子们作文创新，每一次习作之前，笔者都为他们精心设计了作文预习表格、收集素材的图表以及日记内容。为了让学生安全地收集资料，笔者调动家长参与活动。同时，笔者为学生写作下水示范作文，为学生交流提供平台，放低评价学生习作的标准，不揠苗助长，尊重学生的成长规律。终于，经过一系列努力，笔者所教班级有 80%的学生能在 40 分钟内写好 400 字的作文。这样的成绩，让笔者感到所有的付出都是值得的。

# 第七章
# 课题研究反思

课题研究就是针对尝试、探索、研究或讨论的问题进行教育科研活动。笔者与我校另外 9 名老师共同参与的课题于 2014 年 9 月经黔东南州教科所批准。在长达两年的时间里，我们着重研究了小学生怎样写好民风民俗作文的问题。2016 年 11 月 30 日，课题研究结束，作为课题研究主要负责人，我们必须对这项研究活动进行反思，方能更好地推进今后的教研活动和作文教学。

## 一、立　题

最初，笔者把课题名定为“把地方风物引进小学作文教学的实践与研究”，这个课题范围不明确。问题出现在”地方风物”一词上。虽然“地方风物”一词的内涵跟“民风民俗”相近，但是，把“地方风物”与“黔东南民风民俗”放在一起比较，问题就出来了。“地方风物”是哪个地方呢？词语没有明确的指向性，这与凯里市第七小学师生的实践范围和生活经历有出入。而“黔东南民风民俗”却明确地界定了师生的接触范围。立题之初，笔者并没有这方面的认识，直到课题研究进行了一年半，也就是 2016 年 7 月 9 日，凯里市教研所在丁光琴名师工作室组织了一次课题研究学习活动，在这次学习活动中，经过凯里学院杨孝斌博士以及凯里学院数学科学学院院长罗永超教授的指导，笔者意识到我们的课题针对性不强。因此，经过周密的思考，最后，课题组将课题名称改为“把黔东南民风民俗引进小学作文教学的实践与研究”。

## 二、课题研究计划

我们的课题计划分总计划和个人计划两种。总计划由课题研究的指导思想、课题研究的基本情况、课题研究的内容、课题研究的方法、课题研究的主要措施、课题组老师授课安排表六个板块组成。课题研究的指导思想来源于语文新课标的要求，即从小学作文教学的特点出发，小学生作文要避虚就实，作文才能真实感人。我们要让语文贴近孩子们的生活，让他们更加热爱语文。生活是作文的基础和来源，语文教师要善于引导学生寻找细小的，贴近生活的，有记忆的，感兴趣的人、事、物、景对其进行指导。对照上述内容，笔者认为，我们的实践活动在方法指导上缺少教学和生活连接的细节。比如，学生有参加实践的过程，却没有掌握整理和筛选从网上下载的资料的方法。小学生欠缺删减和增加文字的能力，需要老师进行指导，而我们在这方面做得还不够，学生不能很好地处理手里的资料。在收集材料方面，很多孩子都有写日记的习惯，但做笔记的习惯还有所欠缺。对于参观时遇到的人、事、物、景，孩子们看得多、记录得少。比如，组织学生参观民族风情园，在讲到风雨桥时，学生只是听、看，没有主动记录。在研究方法的运用上，我们主要交替使用借鉴法、观察法、实践法、资料法、总结法。在课题研究的措施方面，习作实践课堂、下水示范作文、编辑学生优秀习作、观课议课等几项行之有效。通过实践活动，孩子们真实地感受到了黔东南的民风民俗，体会到了生活的无穷乐趣，增强了民族自豪感。可以说，师生之间按总计划推进的实践活动是这次课题研究最成功的地方。在个人计划方面，老师们在资料收集和整理这两方面做得不够好。比如，师生参与实践活动都配有图片、视频资料，但是对这些资料的说明几乎没有。所以，在老师们的授课过程中，才出现了学生运用素材不尽如人意的问题。同时，在课题总结阶段，这个问题给课题负责人带来了很多不必要的麻烦。通过这次课题研究，各位成员意识到在拍摄活动图片、视频的同时，还要对这些资料进行补充说明。

## 三、反思实施研究过程

课题研究过程分为三个阶段。即准备阶段、实施阶段和总结阶段。每个阶段的工作重点各有不同。第一阶段的工作重点：老师们制订计划，学习理论知识，带领学生开展各种活动。在这一个阶段里，师生一起参加了很多社会实践活动，意义非凡。在实践活动中，大家不仅收集到了一定数量的图片资料，还学到了课堂上无法学到的东西，体会到了家乡黔东南浓郁的民风民俗，民族自豪感、爱国之情油然而生。但是，这个阶段的工作也存在不足，即孩子们没有及时按自身的阅历和水平对所收集的图片进行情况说明。第二阶段的工作重点：老师们要精心设计作文预习指导案，写好下水示范习作，认真授课；孩子们要在课堂 40 分钟内完成有关民风民俗的作文；老师做好课堂实录，收集学生优秀习作。在这一阶段，我们的亮点在于对学生习作前的预习指导。每一位教师在授课前必须设计出一份预习指导案。这份预习指导案旨在指导孩子们正确选材，将收集到的素材运用于习作。例如，六年级上册第八次习作，要求孩子们写身边的艺术，而老师设计的预习指导就紧扣这个要求进行。黔东南被誉为歌舞之州，如侗族大歌、侗族童谣、苗族飞歌、苗族古歌，以及木鼓舞、锦鸡舞、芦笙舞等。除此之外，还有铜鼓农民画、蜡染、苗绣等。黔东南民风民俗素材丰富，但这些对小学生来说难度很大。因此，授课教师在指导学生写身边的艺术时，只能采用联想的方法，抓住场面描写，引导其总结出心中的感受。授课教师在预习环节里第一个要考虑的问题就是让学生收集歌舞艺术类素材，了解每一种艺术形式的来源和作用；第二个要考虑的问题是如何指导学生安排结构。有了预习指导，孩子们的习作完成得很顺利。

## 四、成果评价

目前，我们的课题研究处于实践阶段，还没有推广，仅仅在实验班里进行，效果不错。第一个成果，收集、整理了大量的图片资料，课题负责人对其中重要的内容进行了删减整理，易于小学生接受。第二个成果，教师设计的预习指导案、授课实录以及教师们的教学论文。第三个成果，师生优秀作文小册子。这本小册子里的内容大多与黔东南的民风民俗有关，相信这本册子有助于黔东南的孩子们写好作文。

由于课题研究团队能力有限，我们在这次课题研究活动中，收集到的资料有限，学习、掌握的知识有限，总结出来的方法也有限。反思的目的在于查找不足，抛砖引玉，便于今后继续努力。

# 第八章

# 教师论文

## 浅析民族文化元素与小学作文教学

杨春香

新课程背景下的教学观认为：教学内容是开放的，教师可以根据学生特点和教学的实际情况灵活地组织教学。教师是课程资源的选择和利用的主要人员，教师的自身素质决定了课程资源的识别程度和利用的效果。学生的发展在很大程度上依赖教师素质的提高，高素质的教师能为学生在知识、技能、方法、价值观等方面提供优质的教学。黔东南的民族文化厚重浓郁，包括物质的和精神的两大类。具体来说，物质的包括我们日常生活中的衣、食、住、行等，精神的包括语言文字、歌舞艺术、宗教哲学等。生活就是大语文，作文训练是一种实践性很强的练习，离开生活实际，作文教学将寸步难行。因此，把地方民族文化引进小学作文课堂，是课程资源开发利用的新问题。那么，如何把黔东南民族文化元素引进小学作文教学呢？笔者对此有以下几点看法。

黔东南民族文化是小学作文教学资源的地方教材和校本教材的源头。新课程背景下对教师使用教材的要求是：充分发挥教师在教学中的创造力，分析挖掘教材，超越教材，发展教材。我们撇开小学低年级（1~2 年级）的说话、写话训练不论，单看小学中高年级的作文训练形式。从小学三年级到六年级作文训练总计 64 次，每次的作文训练前都有一段引导文字，通过分析这些文字材料，不难看出，命题式作文、话题作文和自由式作文是作文的主要题材。我们再看小学生习作的内容：小学生写作的内容一般是写人、事、物、景。写人叙事是分不开的，写人是通过具体事件来表现人物的性格特征，写事是为了讲明白一个道理。我们的孩子，在黔东南这块热土上生活着，他们要写的人都是在这块土地上生活的人，或父母，或老师，或同学，或历史名人。这些人物身上或多或少都有着深深的民族烙印。有一位女孩，曾生动地记录下语文老师用当地方言训斥学生的场景。孩子们记一件难忘的事，有的会写第一次做酸汤菜，有的会写第一次跳芦笙舞，还有的会写第一次看斗牛，或第一次过苗族姊妹节。写一件艺术品，他们有的可能写芦笙，有的可能写黔东南州民族体育馆门楣上的浮雕，有的可能写凯里市行政中心东西墙沿上的浮雕图案。教师只要把孩子们引进民族文化的阵地，孩子们就不难写好作文。因此，地方民族文化元素成为小学作文教材的源头是显而易见的。只要我们善于分析教材，就能就地取材，从民族文化精髓中挑选出适合小学生的材料。反排木鼓舞高深，锦鸡舞优雅，这些阳春白雪似的艺术奇葩，小学生还没法接受，但大众化的芦笙舞、板凳舞，老少皆宜，小学生学起来、用起来、写起来很拿手。

语文新课程标准把小学六年分为三个学段，小学生的作文训练也随之分为三个学段，即低年级段（1～2 年级）的说话写话阶段、中年级（3～4 年级）的片段作文阶段以及高年级（5～6 年级）的整篇作文阶段。小学低年段学生说话写话训练的主要方法是：围绕低年级识字重点，安排学生用词语造句，对学生进行说话写话训练，利用图片对学生进行说话写话训练；利用实物对学生进行说话写话训练；在这三个方法当中，利用图片对小学低年段学生进行说话写话训练是与地方民族文化元素相结合的最佳方法。例如，我们把拍摄下来的有关地方民族特色的饮食图片、服饰图片、民居图片、节日场面图片用于学生说话活动，让学生自由地说。值得一提的是，小学低年段学生说话形式有单幅图说话和多幅图说话。这种说话训练贴近学生日常生活，说自己经历过的事情，当然头头是道。在小学中年级阶段，民族文化同样与作文训练紧密关联。片段作文可写人物，可以让学生带来自己的或亲人的照片，让学生向全班同学介绍。抓住人物的长相、服饰、动作等说说他的外貌特点，再由外貌入手说说人物的兴趣和爱好。片段作文还可以写节日的场面，比如孩子们参加节日活动的情况，把这些节日盛况拍摄下来，形成挂图，让孩子由低年段的看一幅图到中年级的看多幅图，把对多幅图的说话连接起来就是片段作文了。中年级学生有了口语交际、课后小练笔、课后拓展等作文训练的辅助形式，这些训练要求与地方民族元素联系更密切。例如，人教版小学语文三年级下册第 15 页的第一次习作。习作要求学生写一处家乡的景物，表达对家乡的喜爱之情。凯里市高速路西出口有一处美景，叫作民族文化园，这里浓缩了黔东南的民族建筑，如苗族吊脚楼、侗寨鼓楼、侗族风雨桥。学生习作前，可在家长带领下实地观察。在小学高年级，民族元素的运用就更广泛了。无论是口语交际，还是习作，以及课后的链接拓展小练笔，无不与民族文化紧密相关。

黔东南民族文化元素对小学作文教学的激趣作用是很大的。心理学家认为：兴趣是人们力求认识事物或爱好某种事物活动的倾向，这种倾向总是和一定的情绪和情感相联系。兴趣分直接兴趣和间接兴趣两种。黔东南的孩子对黔东南的风土人情有着某种天然的兴趣，比如北侗的孩子们从小就听长辈教唱类似的童谣：“烟子烟，莫烟我，我是天上的梅花朵；狗砍柴，猫烧活，公鸡舂碓，母鸡簸，鸭子过来捡米颗；你一颗，我一颗，放在一起打平伙。”这首童谣可成为“一件快乐的事”或“童年趣事”的习作材料。再如，苗族孩子熟悉芦笙舞，每年的春节、吃新节，以及其他的喜庆日子，都少不了这项活动。两把芦笙吹起来，五六个人围起来为，悠扬的芦笙舞曲响起来，在场的人不分男女老少大家都跳起来。场面是那样的激越，心情是那样的亢奋。如果老师在作文教学过程中，把跳过芦笙舞的孩子请上台，让他们对照老师准备好的视频或图片，先介绍节庆的时间、地点、人物，然后介绍庆祝的经过，最后说说跳芦笙舞的心情。学生讲解后，老师可指导学生把上述内容写下来，一篇反映民俗民风的好文章就写成了。在黔东南，还有很多孩子们熟知的劳动工具和艺术品，这些都是孩子们极有兴趣的东西。比如北侗特有的小鱼笼、小虾耙、铁鱼梳等捉鱼的工具，都是孩子们最喜欢的小工具，还有那些捉螃蟹的小笆斗、装蚱蜢的小竹篓、关鸡用的圆形竹篾罩以及捉老鼠用的木猫塔。如果这些能成为孩子们习作的素材，那将有利于孩子们写好作文。兴趣是最好的老师。我们要让孩子们意识到：作文可以这样写，作文就是写我们的生活。

什么是语文？叶圣陶先生的说法是："以口头为'语'，书面为'文'，文本于语，不可偏指，故合言之。"语文来源于生活，因而，在教学生学语文时，还要让学生联系生活，会用语文。我们的语文教学，其目的就是培养学生"听""说""读""写"四大基本功。"听""说""读""写"是小学生必备的四大基本功。其中"听"和"读"是吸收，"说"和"写"是表达。如果我们能把民族的民间故事讲给孩子听，孩子们会学到课本里没有的知识。在口语交际练习中，融入民族文化元素，对于孩子们的成长有很大的帮助。一个人善于吸收不仅是一种很好的素养，还是一种很强的能力。笔者作为小学语文一线教师，对此，感触颇深。笔者曾经给孩子们讲授过民间故事，如《善良的太阳鸟》《蛇郎娶亲》等。这些故事让学生着迷。每当孩子们听完故事，就仰着小脸问："老师，如果我也去山上砍柴，会遇到太阳鸟吗？""老师，太阳真的是一个小伙子吗？""太阳哥哥对善良的穷苦人真好！"我告诉他们这是民间传说，是人们美好愿望的寄托。民间故事的熏陶使孩子们对语文的学习产生了浓厚兴趣。每次听完故事，孩子们都能转述给别人听。老师讲故事带动学生讲故事。先说后写遵循了"我以我手写我口"的原则。这一训练规则告诉我们，"说"在前，"写"在后，继而由讲故事发展到口语交际。口语交际的目的就是先讲一讲，然后写一写。只要我们认真对待每次口语交际训练，学生从中学到的东西是很多的。然而，长时间以来，很多教师对这方面并不重视。有的忙于上课，抢时间上完课好复习；有的教师本身对民族文化的认识很肤浅，灵活运用教材的能力有限。所以，口语交际训练教学效果不理想。

语文新课程标准指出：课程改革的目标就是推进素质教育。课程是制约教育改革有效实施的重要方面。不进行课程改革，素质教育将无法落到实处。黔东南地区在文化方面与发达地区存在一定差异。近年来，黔东南的高考成绩并不差，但是艺术类人才较少。人才的培养是为地区文化服务的，可是黔东南至今还没有当地的艺术家来反映家乡的文化，这不能不说是一种遗憾。

在全面推进素质教育的今天，在新一轮基础教育课程改革进行得如火如荼之际，如何提高作文教学的效率，是每一位语文教师必须认真思考的问题。所谓有效，主要是指通过教师在一段时间的教学之后，学生所获得的具体的进步或发展。笔者认为，指导学生留心观察身边人、事、物、景，是学生习作成功的最好办法。学生身边的人、事、物、景具有浓郁的民族元素，因此，把民族元素引进小学作文教学无疑是提高作文教学效率的好办法。

# 谈几点指导小学高年级学生修改作文的方法

杨春香

语文新课标对小学高年级段 5 ~ 6 年级学生习作的要求中第六条指出：学会修改自己的习作，并主动与他人交换修改，做到语句通顺，行款正确，书写规范整洁。有教育学家也特别指出：7 ~ 13 的孩子是作文能力，也就是表达能力形成的黄金时期。著名语文教育家朱绍禹老先生曾指出：在校学生作文差的两大原因，一是不会自评，二是不会自改。极力探寻作文的最佳教法是每一位语文教师责无旁贷的事。领悟课标要求，虚心听取专家学者的意见和建议，结合自己作为一线教师的切身体验，笔者总结出了几条教学生修改习作的好方法，阐述如下，与大家共享。

## 一、增删修改，整体调节

小学生作文最严重的毛病在于：选材与中心相悖，以及结构不合理。针对这个情况，老师在要求学生自改前，一定要在学生作文中出现严重问题的地方做细致的批注。比如，“你写的这件事跟要表达的主题不一致，请换一件事情进行记叙”。曾经有一位女孩子写她爸爸是一位爱岗敬业、关爱学生的好老师时，在文章里用了这样两则材料：（1）爸爸深夜送学生到医院急救；（2）爸爸有时很懒，常常睡懒觉。第一则材料用于表达爸爸是个关爱学生的好老师是正确的，但第二则材料就离题万里了。在自改课上，经过老师指正，她很快选用了爸爸利用周末时间加班修改作业的材料。经过修改，小女孩笔下的爸爸就如主题所要体现的，真正是一位爱岗敬业、关爱学生的好教师了。

## 二、自读自辨，去腐生肌

在作文讲评课上，教师先拿出十分钟时间，让学生大声自读作文。学生在自读的过程中，因为声音洪亮，耳朵就听得明白，就能很快发现错误。文中哪个句子不通顺，哪个句子主干残缺，哪个词语搭配不当，哪个地方多字少字等一目了然。例如，一位孩子在记一件有意义的事情时，他这样写道：“我来到金泉胡，发现那里丢有纸屑，我就开始下去捡。”一个简单的连动句，因为没有考虑合不合情理而闹了三个大笑话：（1）金泉湖水那么深，他能下去吗？（2）学生想说湖边有纸屑，但没有指出具体地点。（3）“开始”这个情态动词与“捡”这个延续性动词用在一起显得别扭。经过自读自改后，句子通顺了。即“我来到金泉湖树林边的草地上，发现那里有纸屑，我赶忙把它捡起来。”

## 三、师生互动，共同讲评

作文讲评课不是老师的一言堂，而是师生间的相互交流和探讨。记得小学六年级上学期的最后一次习作，主题是“由一件艺术品产生的联想”。动笔前，笔者让学生认真思考作文要求。为了培养大家的创新性思维能力，笔者给大家规定了一个共同的写作材料：三只拟人化的小瓷兔艺术组合体。当学生把这次作文写好了交给笔者批改的时候，我发现，学生们的作文没有描写艺术品的外观，而是直接编成了一个个童话故事。有的学生在文中写到，两只男兔子都想追求那只可爱的女兔子；有的学生写到，三只小兔在看台上看足球比赛；还有的学生写到，那是兔哥哥带着兔妹妹去找吃的。读着孩子们与习作要求相去甚远的作文，笔者沉默无语，心想，师生必须要再次共同探讨想象和联想的区别，否则，学生们将被误导。就这样，在作文讲评课上，笔者再次找来童话故事《小熊住山洞》《狼和小羊》等，并读给孩子们听，之后，大家又一起讨论了想象作文的特点，紧接着，笔者又让学生对比性地重读六年级上册《月光曲》《圆明园的毁灭》和《蒙娜丽莎》几篇课文，再次请同学们进一步讨论联想的特点是什么。通过对比，孩子们终于明白了，想象是对已有的事物进行加工，创造出新形象的思维过程；而联想则是由此物引起的对彼物的思考过程。那一次作文讲评，经过师生的共同研讨，学生们终于明白由一件艺术品产生的联想作文该怎么写。首先，文章开头，描述艺术品的存在方式；其次，文章主体部分分写艺术品的外形特点和由此特点产生的联想；最后，文章的结尾部分归纳艺术品所蕴含的主题思想。

## 四、学生互评，资源共享

著名教育家陶行知老先生创造的“小先生制”被很多老师推崇。大家一致把“小先生制”演变成了“兵教兵”的做法。作文课上的互评互改也离不开这一高招。学生的习作和其他艺术品一样都需要大家一起鉴赏。在交流互动中，学生们的习作在大家手里彼此传阅。其产生的效果是其他方法无法达到的。学生在自评自改时因“身在此山中，不识庐山真面目”，但在纠同学作文的错时却是清清楚楚。所以，学生互评是很见效的做法。当然，在学生互评互改过程中，老师要事先做好学生互改的层次安排。即优等生与后进生互换评改；优等生与中等生相互交流；优等生与优等生互换鉴赏。在一次作文讲评课上，我让曹颖就她写的人物的文章与常璐交流，常璐一边读一边笑。因为曹颖写她的爸爸穿着工作服在沙发上酣睡，并打着猪八戒似的呼噜声。曹颖的这个细节描写轻轻地拨动了常璐的心弦，常璐自言自语道：“原来写人要这样写。”

### 五、修改整理，重新誊抄

作文讲评课，同学们自读自改过的文章需要整理；研讨过的作文需要重新谋篇布局；同学互评互改的词句需要添枝加叶。每次作文讲评之后，师生们不能不了了之。因为让学生重新誊抄讲评后的作文，能有效提高学生习作的水平。作为一线教师，笔者对此感触颇深。2013年夏天，凯里一中一个名叫顾欢的女孩以540分的成绩考入青岛大学，她曾是凯里七小六二班的学生。三年级时她不知如何写作，老师让她多读文章写得好的学生的作文，久而久之，她会写作文了；四年级时，她的作文语句仍然不流畅，老师让她自己修改病句，她进步了；五六年时，她慢慢学会了修改借鉴，耐心誊抄写过、改过的作文，她的作文水平提高了。这就是修改作文、认真誊抄产生效果的好例子。

好作文是改出来的，学生们只要认识到了修改的意义，就会乐此不疲。当然，同学们的修改能力非一日能养成，只要师生团结一心，不急功近利，不求速成作文，持之以恒，就一定能提高作文能力。只要我们抓紧小学四年的学习时间，多写多练，勤于修改，大家的修改水平自然就会提高。

## 让想象在学生笔下绽放智慧之花

杨春香

中国四大名著之一的《西游记》，其最大的艺术成就在于丰富奇特的想象。因为想象，作者塑造了一个惩恶扬善的智慧化身孙悟空，这也是中国文学备受世人推崇的重要原因。想象是什么？想象是人们在头脑中依据现实而构想的奇妙的思维活动，通过想象可以创造一个奇妙的世界。想象作文又是什么？顾名思义，想象作文就是作者发挥丰富的想象力而写成的文章。语文新课标明确指出：小学生要“能把自己的见闻，感受和想象写下来。”纵观小学各年段学生的习作要求，小学生写想象作文不仅仅是掌握表达技能技巧的事情，更为重要的是，写想象作文，是培养学生创新能力的重要举措。因此，如何指导小学生写好想象作文，其意义深远而重大。近年来，一线教师对想象作文的教学研讨正如火如荼。笔者在一线教学二十八年，略有感悟。下面就培养学生由认知，到激趣，再到确立中心，最后选材四个方面谈谈写好想象作文。

三年级的孩子第一次接触想象作文，练习起来是有很大难度的，因为想象作文属于写虚范畴，学生在选材、立意、布局上无所适从，遇到困难是正常的。那么，三年级学生在想象作文的练习上主要存在哪些问题？学生的想象作文难就难在如何把写虚转化为写实。针对这一难点，笔者总结了以下几点。

第一点，教师激趣，诱导学生进行发散思维，确定习作材料。想象是什么？这是个很抽象的问题，教师如果解释不清楚，学生就无法接受。曾经有这样一个故事，学生听后倍感新奇。这个故事是这样对“想象”进行解释的。“想象”就是想大象。传说远古时代，中原地区（就是现在的河南省及周边地区）属于热带雨林气候，那里草木茂盛，动物繁多，自然少不了大象。可是，后来，由于人们滥砍滥伐，这里的气候变了，不再适合各种动物生存。大象也因此迁移到云南去了。大象走后，河南人经常想念大象这种吉祥的动物。这就是“想象”的由来。孩子们听了这个故事，立刻明白了。原来，想象就是针对某一物体在其他地方、其他时间、其他场景里的事情。这个时候，学生知道了，这次习作不是写自己的事，是写别人的事。当学生明白这个道理后，再让学生明白，这个“别人”不是我们人类，而是动物世界里的动物。这样，教师就帮助学生完成了对材料的选取。

第二点，物我合一，确立中心。写作想象作文是先有中心的习作。一个孩子，从小他要明白的道理是很多的。比如，人与人之间要互相帮助；骄傲使人落后、谦虚使人进步；善于动脑筋的人才能解决问题。很多孩子还在幼儿园的时候就听过龟兔赛跑的故事，这里，我们不妨请一个孩子起来重复一遍故事的内容，然后，再请一两个孩子来接一段龟兔赛跑的后续故事。在孩子们讲完故事之后，老师不失时机地提问学生，龟兔赛跑的故事说明什么问题呢？学生自然知道，龟兔赛跑的故事告诉我们骄傲使人落后的道理。经过老师的点拨，学生知道，写小动物的故事，就是要明白一个道理。老师告诉孩子："人是有思想、有感情、有语言的高级动物，但是禽有禽言，兽有兽语，其他动物其实跟我们人类一样。"经过老师的指点，学生们知道如何去展开故事的情节了。比如，让学生观察小猫和小狗打闹的情景，就可以引导学生明白和睦相处的道理。另外，我们在习作前，重申了课本给出的习作要求。这次习作要求是"我们已经读了不少童话故事，这次习作就来编童话故事。请你任选几种动物作为主人公，编一个故事。想象一下它们之间可能发生什么事，然后写下来。写好后读给大家听，看谁的故事编得最有趣。"这个要求给孩子们留下了无限的想象空间。几个小动物在一起会有怎样的故事发生呢？这是老师又一个要指导学生去思考的问题。这时候，如果教师能把几种学生熟悉的小动物的图片通过课件逐一展示在学生面前，问题就解决了。

第三点，想象作文讲究记叙的六要素，适合用顺叙或倒叙的结构安排。在学生下笔前，老师可引导学生在展开小动物之间的故事时，明确故事发生的时间、地点、人物，以及故事发生的起因、经过、结果。教师再根据学生的水平，指导学生用顺叙和倒叙两种方法安排故事的结构。什么是顺叙？就是按照事情的发展先后顺序记叙的过程。何谓倒叙？就是把事件的结果放在文章的开头，然后再把事情的起因和经过写出来。在学生动笔之前，可以让学生多浏览几篇顺叙和倒叙的范文。这样一来，问题就迎刃而解了。教师只要做到这三点，就能很好地引导学生写好想象作文。

# 谈谈小学作文教学的几点方法

杨春香

有专家指出：小学语文教学要重视学生对语言材料的积累，重视语言中听说读写各项能力的训练。显然地，用词造句、连句成段、连段成篇的训练就是提升学生听说读写各项能力的最佳方式。因此，极强的实践性成了小学作文教学的第一大特点。还有学者指出：小学阶段是人生诸多良好行为乃至道德品质形成的时期，作文教学就是教学生做人的过程，鲜明的目的性就成了小学作文教学的第二大特点。根据小学生习作的实践性和目的性特点，我们不难理解小学生的习作训练就是一种综合性练习。根据语文新课标对小学生习作的具体要求，结合自己二十多年的作文教学经验，针对小学生的作文教学，笔者总结出以下几条实用的方法。

## 一、率先垂范，做好学生的习作榜样

学高为师，身正为范。品德高尚的人就能够成为老师，学问渊博的人就能成为典范。一个小学语文老师，应该具备扎实的语文基本功，成为学生仿效的楷模。在作文教学中，要善于在理论上指导学生，让学生明白：什么是作文？为什么要写作文？怎样才能写好作文？在实践上，要让学生切实体会到写作的方法有哪些，让学生在习作中体会到表达的作用和表达的快乐。每一次作文，作为教师就应该给予学生明确的理论指导，然后再给学生展示示范作文。鼓励学生从说话写话开始，继而学会利用时间、地点、人物三要素叙述事件、描写片段，最后学会具体描写并结合叙述写好整篇文章。在实际教学中，如果语文老师对写作技巧掌握不牢，作文教学只能是一知半解。一些教师或让学生去订购小学生作文选刊，让学生自己琢磨；或让学生从小学生作文大全里，选几篇写人、事、物、景的文章背诵，然后搬到习作中来，改一改人物，变一变时间、地点即成；或让学生整篇地抄袭。这样的教法，只能是应付考试，千篇一律，无法提升学生的写作能力。作为语文老师，只有不断学习，快速提高自己的写作能力，才能教好学生作文。作文即做人的过程，教学生作文就是教学生做人。一名语文教师，应该有高尚的道德品质和良好的品性习惯。小学生良好的行为是在教师的言传身教下，在潜移默化中慢慢形成的。教师的教育诚如唐代诗人杜甫诗句所言："随风潜入夜，润物细无声。"一个阳光、正直、善良、勤奋、博学、幽默、实践性极强的语文老师，其作文教学堪称个性化教育。教师在教育教学活动中的表现，乃至正确的价值观和情感态度将直接影响身边的每一位学生。在老师良好师德的影响下，久而久之，学生良好品行也将形成。

## 二、分清楚总目标和阶段目标的要求，有针对性地对学生进行阶段训练

新课标中的阶段目标要求将小学生习作训练分为三个阶段进行。目前，在我们的小学作文训练中，老师们没有很好地按照阶段目标的要求对小学生进行系统化训练，以至于出现三年级的学生写整篇作文的情况。存在这一个薄弱点的原因是，教师本身不清楚小学六年里学生进行作文训练的目的和要求，忽视小学生习作由浅入深的原则，笼统地把三个阶段的训练同一目标化，统一模式化，急于求成，赶鸭子上架。老师们在头脑中只有一个大的概念，小学生能写好记实作文和想象作文就行。殊不知，这样的认识，不仅加重了学生的习作负担，打击了学生习作的积极性，更严重地违背了作文教学应遵循的自然规律。这种急于求成的做法不但没有实效，反而冲淡了孩子们对作文的兴趣，挫伤了孩子们习作的积极性。那么，在小学三个阶段的作文训

练指导中，我们应该怎样做才恰当呢？首先，我们要清楚小学生三个学段的训练要求。即 1 ~ 2 年级，能借助图片、词语、事物等说写一两句话，或写想象中的事情；3 ~ 4 年级，教师能指导学生就具体事件写好日记，能根据植物、动物、无生物写好想象中的场面，能根据习作要求写好片段作文；5 ~ 6 年级学生能根据习作内容表达的需要，分段表述。对 1 ~ 2 年级学生的说话写话，评价应该按陈述句和感叹句的特征要求进行训练。即学生能说出什么地方有什么，什么东西怎么样，看见某事物产生怎样的感慨即可。对 3 ~ 4 年级学生习作评价重点在于，学生能写一段通顺的话，能把意思讲清楚，能文从字顺地进行表达即可。对 5 ~ 6 年级学生的要求在于，能在习作中运用好记叙和描写两种表达方法，按三段式结构进行布局，主题明确，语句流畅即可。老师只有在明确三个学段训练目标后才能对学生进行实效性的训练指导。

## 三、指导小学生积累素材是学生写好作文的根本保障

俗话说，“巧妇难为无米之炊”。学生在习作中，遇到的最大困难就是不知道写什么。语文新课标指出：习作教学应贴近生活实际，让学生易于动笔、乐于表达，应引导学生关注现实、热爱生活，表达真情实感。纵观小学作文教学的现状，一个是“假”——学生说假话，写假事；二个是“空”——学生习作内容空洞不实在，不具体；三个是“套”——学生千人一面，没有个性特征。究其原因就是学生没有材料可写。真实是文章的生命，为了让学生能占据实用的作文素材，我们应该从以下几个方面入手，指导学生积累素材。

（1）明确学生习作材料的来源，强调习作素材来源于日常生活。例如，我们身边的人、事、物、景、生活习俗都是习作材料。

（2）强调材料来源于对课文的精读。因为阅读增长知识，背诵增强语感。

（3）确定观察目标，制订一学期观察计划，并落到实处，把搜集到的材料记录下来，以便习作训练时使用。

（4）教师多组织学生开展活动，在活动结束后写好日记，积累活动素材。

（5）多摘抄课文中的好词佳句，丰富词汇量。

（6）多进行语文综合性实践活动，在活动中积累对事理的真实感受。

## 四、指导小学生掌握总—分或总—分—总的两种基本结构形式

作文训练是有规律可循的。其中，总—分—总和总—分这两种文章结构形式在教材课文中最常见。现行教材入选的课文都出自名家名篇，对学生阅读的指导性很强，尤其对指导学生掌握文章结构有极强的示范性。例如，人教版四年级下册第二课《桂林山水》一文就是一篇很好的总—分—总结构的范文。文章的第一段赞美了桂林的山水天下第一，是总写；第二段写了桂林的水美，第三段写了桂林的山美，是分写；第四段合起来写桂林的山和水，这里又是总写。全文形成了前后呼应的气势，使文章成为一个完美的整体，这就是我们用于学生进行认识总—分—总习作方法的训练范例。例如，学生写题为《家乡的美景》一文，就可以利用这种结构形式。第一段可以用两三句话总写家乡凯里市的美景（山美、水美、风情美）；二三四段学生再对选定的美景（小高山、巴拉河、民族风情园）进行具体描写；第五段再次总写家乡的美（这里的山连绵不断，层峦叠翠；这里的水清澈见底，红花绿树倒映其间，让人流连忘返）。经过这种结构形式的训练，学生应该就能掌握写好作文的方法。

## 五、指导小学生掌握记叙文的两种表达方法

指导学生掌握叙述和描写的表达方法。在作文中，80%的学生叙述不流畅，90%的学生不会描写。孩子们写的文章总是晦涩无味，空洞无物。经验告诉我们，每次学生习作，如果我们能认真地讲解叙述

和描写的特点和作用，小学生的习作就会容易简单得多。那么，什么是叙述，什么又是描写呢？叙述就是把人物的经历和事情发展变化的过程表述出来。其作用是介绍事件发生发展的过程，介绍人物的经历和事迹，为议论说理提供论据。描写就是用生动形象的语言，把人物、事件、景物存在与变化的具体状态作精细的描写、摹写，给读者身临其境的感觉。其作用是再现自然景色和事物的情态，塑造人物形象，表现文章的主题思想。目前，我们使用的教材中所选的课文大多涉及叙述和描写这两种方法，值得我们学习。例如课文《中彩那天》《月光曲》《詹天佑》《桂林山水》等。指导学生掌握叙述描写的方法，除上述提到的作文前的讲解外，更重要的还在于阅读教学中的分析和理解。在实际教学中，我们要注意引导学生对这两种表达方法的学习。因此，我们在阅读课文的教学中，既要引导学生加强对好词佳句的理解，又要加强对好词佳句的积累和运用，把对好词佳句的运用放在造句和口语交际训练中进行。

## 六、指导小学生对作文进行修改

语文新课标指出：作文教学应抓住取材、构思、起草、加工等环节，让学生在习作实践中学会写作，重视学生在自我修改和相互修改的过程中提高习作能力。纵观现行人教版教材，入选的课文对学生的阅读指导是很具体的，但对学生的作文指导还存在着巨大的不足。因此，小学语文教师在指导小学生习作时必须下苦功夫。从选材、构思、起草、加工等环节入手，对学生进行具体细致的指导。例如，小学生选材就是个值得深思的问题。为什么我们的学生苦于下笔，就是因为他们不知道写些什么好。小学生写什么好呢？根据新课标要求，小学生的选材内容应该从他熟知的人、事、物、景入手。下面以小学语文第十二册二单元作文训练为例进行一个对比说明。六年级下册二单元的习作训练，要求学生写家乡的民风民俗。学生不知所措，孩子们对于民风民俗理解困难，更不要说用文字进行表达了，那是难上加难。

因此，在这种情况下，老师可利用多媒体向孩子们介绍黔东南的民风民俗。孩子们马上感受到了，原来，民风民俗指的是一个地方的风俗习惯，更简单地讲，就是我们的吃的、穿的、用的，我们的民居，我们的节日，我们的歌舞，我们的艺术品等。这次作文的目的就是让学生把它们写下来，表达对家乡的赞美之情。但是，学生对当地民风民俗知之甚少，素材积累不够。因此，教师要帮助学生快速选材。例如吃的方面，有黔东南有名的酸汤系列；穿的方面，有苗族的服饰、银饰；民居方面，有吊脚楼、风雨桥、侗寨鼓楼；舞蹈方面，有木鼓舞、板凳舞、锦鸡舞等等。

确定了习作材料以后，就放手让学生习作，指导学生进行修改即可。

总之，指导小学生作文训练的方法还有很多。只要我们掌握小学生阶段训练要求，不揠苗助长，不急于求成，就不会出现学生抄袭作文和背诵作文的现象。只要孩子们学会了选材、构思、起草和修改，他们的习作就不难创新。只有学生们经历了实践，他们的作文水平才能真正提高，才能写出真情实感，才能形成良好的个性品格。

# 第二部分

## 实践收获

# 第九章
# 黔东南的服饰

## 第一节　苗侗服饰

黔东南的苗族、侗族服饰一般由服装和银饰两部分组成，种类繁多，内容丰富。一般来说，苗族服饰比较华丽，侗族服饰有北侗与南侗之分，北侗简约，南侗繁复。苗族、侗族服饰千姿百态，不同的场合、不同的日子，搭配也不相同，如图 9.1 ~ 9.16 所示。[①]

图 9.1　精美绝伦的苗侗服饰

① 注：本节中所有图片均由师生拍摄。

图 9.2　苗族服饰

图 9.3　苗族服饰

从图 9.2 和 9.3 可以看出，苗族银饰具有大、多、重的特点，也体现了苗族服饰的华丽和庄重。

图 9.4　苗族水滴银帽

通过图 9.4 可知，苗族姑娘们头上的银帽由白银铸成，意义非凡。白银代表金；帽上的银花代表木；帽檐最底下一圈银水滴代表水；银帽前额中央有一个又大又圆的银太阳，代表火；帽檐下边的镂刻银花的部分代表土。整个银帽包含了金木水火土五行的寓意。

图 9.5 是丹寨县苗族姑娘的服饰。图中，姑娘头上绾髻，发髻上插银花树，花树上有一只银鸟，花树后面有一片长长的银飘带。她脖子上戴着银圈，银圈上挂着银铃。姑娘上身穿蓝色对襟白布扣紧身衣裳，上衣领口袖口滚白边，腰束镶白边几何图案绣样，宽边带子，下身着黑色短裙，腰前束一大块锦绣条状围裙。在田间地头挪动脚步时，一步一摇曳，银铃叮当作响，活脱脱的一只美丽的金鸡。节日喜庆时，尤其是在芦笙会上，女性个个绾发高耸，头上插戴锦鸡银饰，上身穿开襟短绣衣，下身外着

绣花超短百褶裙（有的着彩绣短百褶裙，有的着绣花百褶长裙），裙前后各系一条长方形花围腰，后腰上面挂满各色手织花带，颈戴银项圈，手戴银镯，脚穿翘尖绣花鞋（有的在脚腕系上小巧玲珑的银铃），打扮得像美丽的锦鸡一样，花枝招展。

图 9.5　苗族服饰

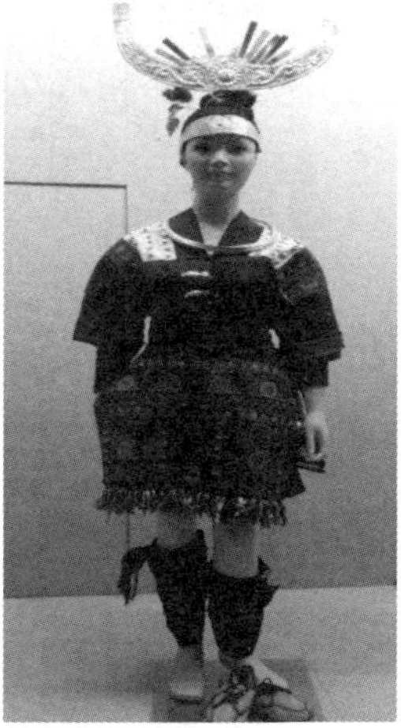

图 9.6　舟溪苗族少女服饰

图 9.7　雷山苗族百褶裙服饰

图 9.8　苗族少女便装

图 9.9　舟溪苗女装

图 9.10　苗族花裙服饰

图 9.11　南侗服饰

图 9.12　北侗服饰

图 9.13　北侗服饰

图 9.14　北侗服饰

图 9.12 展示的是天柱县三门塘侗族服饰。图中的姑娘，前额梳刘海，红毛线缠辫子，辫子绕头盘在头上，耳戴韭菜叶扁形耳环，身着湖蓝底色镶花边衣裳。上衣大襟右侧银扣衣裳，领口滚边，绕领口一周镶花边，衣袖口、衣裳下摆、裤口处镶花边。图 9.13 为锦屏县文斗侗族服饰。

图 9.15 南侗服饰

图 9.16 南侗服饰

图 9.15 中的姑娘头戴花冠，银花饰上缀饰彩色绒球，前额插月亮银梳，脑后插鸟尾状银簪，两耳鬓上插银花吊，耳戴银花坠，胸前戴长银锁。身着锦缎左衣襟，身前束几何状长围腰，下身着长裙，打绑腿。脚穿绣花斑鸠鞋。在节日的场合，这身着装显得雍容华贵。

图 9.16 中的姑娘头上梳着高高的发髻，环绕发髻插满枝状银花，身穿玄黑色衣服、绣花小衣领，腰间束一绿色腰带，袖口镶花边，衣下摆滚一圈绿边，下着短裙，脚上打黑色绑腿，绑腿上缠彩带。

## 第二节 苗族百鸟衣

苗族百鸟衣，是由国家级非物质文化遗产“苗绣”刺绣而成，其色彩艳丽、图案奇特、工艺精湛、款式繁多，具有丰富的文化内涵，是苗族文化的重要载体，被誉为“穿在身上的苗族史诗”，并列入贵州省省级非物质文化遗产名录。

苗族百鸟衣渊源可以追溯到苗族远古时期。苗族古史神话《十二个蛋》讲述了枫树生蝴蝶妈妈，蝴蝶妈妈生十二个蛋，十二个蛋由脊宇鸟孵化成自然万物和人类。所以，苗族把鸟作为始祖来崇拜。在该地区苗族祭祖活动的鼓藏节上，主祭服为百鸟衣，“旗幡”用长幅蜡染布和织锦做成，上面满是鸟纹，还有沾满白色鸟羽毛的祭祀树。百鸟衣古装有男装和女装之分，均为无领衣。整件衣服由用丝线绣着五颜六色各种造型的鸟的图案组成，女装由前后几幅条带的“鸟龙”组成，男装由牛龙或蛇龙等图案组成，衣脚排列一束束鸟的羽毛。花纹结构为衣背正中有一斜置正方形图框，框内中央或为一太阳纹或一圆形圈龙纹，四角为枫叶纹或蝴蝶纹，框外四角为凤头龙身图或异形龙图，两袖则多为圈龙图，亦有各种飞鸟或异形动物图案。百鸟衣图案丰富，原始古朴，以绿缎为底，橘红、黑、浅黄和白色花饰为基调，是苗装中的精品。一般是鼓藏节的仪仗队的芦笙手所穿。发展到后来，年节或是其他庆典中亦常见。男装由牛龙或蛇龙等图案组成，衣脚排列一束束鸟的羽毛。穿这种款式衣服的男子，头用青布包缠，外层用镶有两排银锥的银带箍在布帕外，系结于脑后，并垂飘带于背后且直过臀部。上衣为无领对襟宽松式，两袖宽大平直，与衣身成90度角，下摆与飘带裙缝合，仅以边缘线带束之。直襟无纽扣，除两袖口用土蓝布贴饰外，通体绣花，亦有通体织锦的，绣花者为精品。

百鸟衣的设计与苗族古代鸟图腾有关。据说，居住在丹寨县的苗族支系是上古蚩尤集团中以鸟为图腾的“羽族”的后裔。唐贞观三年，黔东南地区苗族首领谢元琛身着“百鸟衣”入朝参见唐太宗，所带的使团满身“卉服鸟章”，轰动长安，唐太宗命画师阎立德等临摹，名为“王会图”，这是百鸟衣较早见于文献的记载。

百鸟衣，字面意思是在衣服上绣100只形态各异的鸟。但实际上，“百”只是概述，百鸟衣上绣的鸟少则几十只，多则上百只，“鸟”也只是泛指。百鸟衣有男女之别，男装多由概念化的“牛龙”或“蛇龙”

等图案组成，只有女装才绣百鸟。上述提及的丹寨县的苗族支系的百鸟衣上之所以多绣百鸟，是因为其认为自己是上古时期蚩尤部落中以鸟为图腾的“羽族”的后裔。

苗族没有自己的文字，所以，苗族人只能把自己的历史用不同的载体表现出来。一件件百鸟衣就像讲述苗族文化的连环画，成为苗族孩子们最生动的启蒙读物。现在，百鸟衣被中国服装博物馆作为“镇馆之宝”（见图 9.17）。[①]

图 9.17　苗族百鸟衣

## 第三节　黔东南的银饰

苗族好银，除了是因为苗族喜欢把所有的财富随身戴在身上，人走则家随，以钱为饰保值外，还有很重要的一点，就是银饰的功能性作用。苗族戴银为求长命富贵，驱鬼避邪。唐宋时期，苗族银饰是以多、大、重为美，妇女戴大耳环和银项圈。直至今天，苗族依然保留着这一习俗。

在众多的饰物里，银饰图案比较固定，多取材于猫（虎），狗、马、

① 图 9.17 来源于网络。

鱼及花鸟草虫。银饰工艺复杂，银花帽、响铃板项圈、银围腰俗称三大件。大花银帽亦称银冠，其帽顶满铺银质草片，片上满焊细银旋成的螺状支杆，杆尖撑着呈盛开状的上百朵银花，高低错落，使帽形状若花篮。稍有动弹，银花摇晃，显出一派春的意韵。响铃板顶形如连成圆形的牛角。银板上镶二龙抢宝，吊护心银盘，垂鱼、虫、花、矛、刀、剑等什物，内容纷繁。银围腰则由 12 块以上的偶数长方形银牌缝于布条上，银牌上刻燕、蜈蚣、鱼、猫、马等动物图案，四周装饰尖头人形银片，吊以银铃，饰于姑娘身上，不但显得英姿飒爽，而且看起来富丽堂皇。如图 9.18 ~ 9.29 所示。[①]

图 9.18　水滴银花帽

图 9.19　花树银帽

图 9.20　穗子吊坠耳环

图 9.21　圆形鼓面吊坠耳环

① 图 9.18～9.29 来源于师生的实践活动。

图 9.22　鼓面吊坠银耳环

图 9.23　柱形鼓面银耳环

图 9.24　镂空银花压领

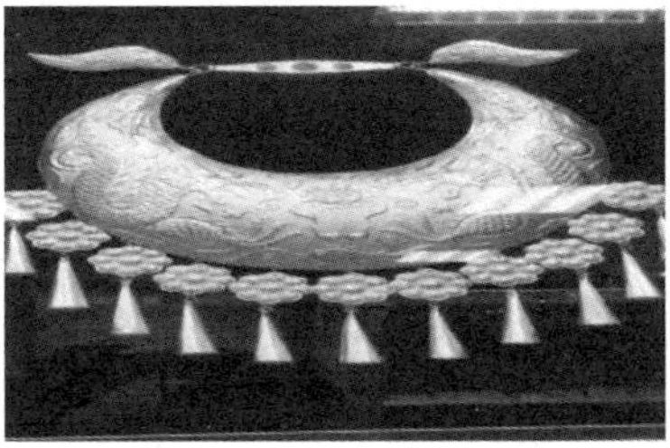
图 9.25　牛角铃铛压领

图 9.26　二龙戏珠银手镯

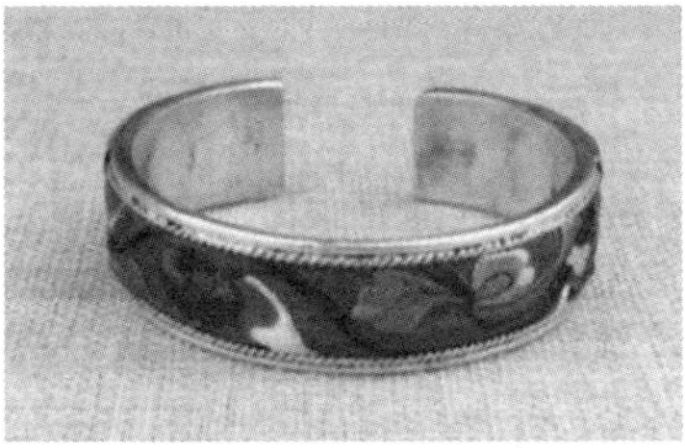
图 9.27　彩绣银手镯

图 9.28　小珠泡银手镯

图 9.29　雕花银手镯

# 第十章
# 黔东南的美食

## 第一节　黔东南美食概况

黔东南的饮食以酸为主。男女老少都有“嗜酸”的爱好。俗话说，“三天不吃酸，走路打捞穿”（指走路打趔趄），道出了黔东南的酸食文化的特色功效和风格。中国是有名的美食之国，素有北咸、东南甜、西南辣的说法。气候干燥食为盐，气候湿热食为甜，气候潮湿食为辣。虽同为吃辣，湘、贵、川又各有妙趣，有所谓的“不怕辣”“怕不辣”“辣不怕”的说法。具体而言，贵州是酸辣，四川是麻辣，湖南是炸辣。黔东南又与贵州其他地区不一样，强调和突出的是“酸”，而其他地区则强调和突出“辣”。常言道，“除油盐无贵味”，历史上，黔东南地区严重缺盐，只得用酸与辣来调味，可见酸食习俗，实非偶然，它是地理环境、气候条件、物产资源及人的生理需要等多种因素综合的产物。黔东中地区气候潮湿，多烟瘴，流行腹泻、痢疾等疾病，嗜酸不但可以增强食欲，还可以帮助消化和止泻。因此，每家每户都少不了几个酸坛子，如酸水坛、醋水坛、腌菜坛、腌鱼坛、腌肉坛，还流传着“三月腌菜、八月腌鱼、正月腌肉”和“坛不下，莱不烂”等关于酸食的腌制季节和保存方法的俗语。由于历史和地理环境的原因，黔东南苗侗人民在长期的生产实践和生活实践中，创造了自己不同于其他地区、其他民族吃酸的独有风格和制作工艺，形成了具有鲜明个性的“酸食文化”，仅酸的制作就有近 10 种工艺。人类长寿，确有几份酸的功劳。例如，酸食有防病健胃之药用，有除惑提神之功效，有防腐保鲜之功能。黔东南地区生活的人大多长寿，这是有很多原因的，这其中应该有“酸”的功劳。1986 年，在加拿大温哥华，一群记者采访世界老年人长跑冠军——黔东南运动员李发品老人，当问到他创造世界老年人长跑纪录的秘诀时，李发品老人答道：“我要是能吃上家乡的酸菜，还要跑得快。”可算是妙语惊人。如今，酸食这一具有黔东南民族特色的传统食俗，越来越受到人们的青睐。酸汤鱼、腌鱼、腌肉、酸汤鸡、酸汤猪脚、三合一酸汤、四合一酸汤应有尽有。有的落户京城，有的飞进国宴，有的漂洋过海，被移植到宾馆、酒店，凡是到贵州的中外游客，都点名要吃正宗凯里酸汤鱼。值得一提的是，黔东南的风味食品还有侗乡腌鱼、镇远道菜、下司狗肉、下司酸汤鱼、香茅草烧鱼、重安江酸汤鱼、侗家油茶、从江香猪、三穗麻鸭、榕江香羊、侗家酸肉等。

说到黔东南的酸，当地少数民族又有红酸（西红柿酸）、白酸（米酸）、虾酸（鱼虾发酵酸）等区别。当地的说法为“白苗红侗”，即苗族喜食白酸、侗族酷爱红酸。两种植物酸皆取材天赐妙物，红酸为当地小西红柿发酵而成，白酸则是稻米的副产品淘米水和米汤每日积攒发酵的产物。酸可化清汤，可制火锅，可烹鱼肉，可当饮料，是每家每户必备的调味品。

黔东南的辣在贵州算不得刚烈，却有绵劲的悠然力道。无辣不欢的贵州，辣椒种植覆盖全省。在黔东南，很多地名中都有“辣”字，如台江有个“辣子村”、天柱有个“辣子坪”、丹寨有个“辣子寨”、岑巩有个“辣子沟”……

作为辅佐“酸”成大器的“辣”，黔东南的辣讲究“藏”：酸汤鱼的辣在红汤之中若有若无飘忽不定，只有在当地红椒捣舂而成的蘸水之中，才算落定成型。夹一块鲜嫩的稻田鱼块，往蘸水中深浅一抹，再送入口中——鱼的嫩鲜、汤的酸爽、蘸水的温辣汇聚在一起，上颚及脑中撞击的，是田间游鱼和番茄制造的两类酸感，毫无防备地口舌生津，食欲大开，再补上黔东南山中所产的绵辣和木姜子的独特韵味，世间终极美味不过如此。

白酸更适合佐侍那些个性更强的肉类，如酸汤带皮牛肉、酸汤排骨等都是绝佳的火锅大系。酸汤带皮牛肉把密织在牛肉肌理里的山野生猛、鲜美弹牙的咀嚼乐趣全部勾引了出来，埋伏在齿间舌缘的每一次有力撕咬中。当然，白酸也少不了糊辣椒蘸水中的辣源侧面支持，若是少了芫荽和手搓糊辣椒的帮衬，便少了层次感。富于柴火味的手搓糊辣椒，为白酸汤引进了一袭浅浅的呛辣香，令人回味无穷。

## 第二节　米饭和糯食系列

黔东南的苗族和侗族人民以大米为食。偶尔吃吃小米、小麦、水芋、玉米、红薯等。大米中尤喜糯米。糯米饭是苗家人和侗家人日常生活中不可缺少的食品。食法是用手把糯饭捏成饭团，少用碗盛。这种食法，一是抵饿，二是方便携带。这是因为，苗族人和侗族人居住在崇山峻岭之中，外出劳作，中途返回不易。糯米饭香甜可口，不用下饭菜也能入口，还很耐饿，故而深受苗侗人民喜爱。后来，每逢节庆或重要日子，人们都用糯米饭、糯米酒等来表达自己对宾朋的敬爱。如图 10.1 ~ 10.7 所示。[①]

图 10.1　社　饭

图 10.2　五彩糯米饭

① 图 10.1～10.7 来源于网络。

图 10.3　家常糯米饭

图 10.4　包谷米饭

图 10.5　棉菜粑粑

图 10.6　甜藤粑

图 10.7　白糯米糍粑

# 第三节 酸汤系列

相传在远古时期，苗岭山上居住者一位名叫阿娜的姑娘，她不仅长得貌美，能歌善舞，且能酿制美酒。该酒清如山泉，有幽兰之香。方圆几百里的小伙子都来求爱，凡来求爱者，姑娘都斟上一碗自酿的美酒，不被中意者吃了这碗酒，只觉其味甚酸，心里透凉，却不愿离去。当夜幕临近，芦笙悠悠，山歌阵阵时，小伙子们在姑娘的房前屋后用山歌呼唤着她来相会，姑娘就只好隔着篱笆唱道："酸溜溜的汤哟，酸溜溜的郎，酸溜溜的郎哟听妹来歌唱，三月槟郎不结果，九月兰花无芳香，有情山泉变美酒，无情美酒变酸汤。"如图 10.8 ~ 10.11 所示。[①]

图 10.8　酸汤鱼

图 10.9　酸汤菜

图 10.10　酸汤粉

图 10.11　酸汤米豆腐

① 图 10.8～10.11 来源于网络。

## 第四节　烟熏、腌生系列以及特色菜肴

烟熏、腌生系列在黔东南地区颇负盛名，历史悠久，男女老少皆喜食，如家家户户腌制的腊肉、香肠、血豆腐，以及盐酸菜、腌鱼、腌肉等。如图 10.12 ~ 10.25 所示。[①]

图 10.12　腊香肠

图 10.13　腊肉

图 10.14　北侗启蒙盐酸菜

图 10.15　北侗汆水酒糟酸菜

图 10.16　南侗生腌鱼

图 10.17　南侗炒腌鱼

① 图 10.12～10.25 均来源于网络。

图 10.18　南侗生腌肉

图 10.19　南侗熟腌肉

图 10.20　南侗汤羊瘪

图 10.21　黔东南炒蜂蛹

图 10.22　从江烤香猪

图 10.23　黔东南酥肉

图 10.24　炒青岗子豆腐

图 10.25　侗族油茶

## 第五节 米粉系列

黔东南是舌尖上的“粉”世界。牛羊肉粉、肠旺面、豆花面、肉末面、榕江卷粉、鹅肉粉，浓香扑鼻，勾人食欲。除此之外，锅巴粉、苕粉也是凯里人爱吃的一种美食。无论是汤粉，还是干拌，都深受凯里人的喜爱。一方水土养一方人，早餐从一碗粉开始，或许这是最享受的，也是最美味的。每家粉店的老板为了粉鲜香爽口，在做高汤的时候都会加入独家配方，再配上精心熬制的辣椒酱，点上一点调料和臊子（臊子种类很多，有肉末、辣子鸡丁、香菇肉丝等），那味道令人回味无穷，不到五分钟便下肚了。

食在凯里。下面介绍一下凯里人爱吃的米粉系列。如图 10.26～10.29 所示。[①]

图 10.26 榕江卷粉

图 10.27 肉末葱花米粉

图 10.28 砂锅酸汤粉

图 10.29 炒米粉

① 图 10.26～10.29 来源于网络。

### 1. 卷　粉

卷粉可谓是家喻户晓的美食，当地人就算每天都把卷粉当作早餐吃都不会觉得腻。卷粉是用薄薄的米皮裹着由肉末、豇豆丁、香菇丁、生姜做成的馅料蒸制而成。馅料根据季节的不同也有相应的变化，比如春天大多喜用竹笋，夏天喜用豇豆，秋天喜用萝卜，蒸熟后加上调料拌匀即可食用。卷粉的调料也是大有学问，可以分为“干调料”和“湿调料”。“干调料”由葱末、鱼腥草叶碎、辣椒末、花生碎、花椒粉、豉油、辣椒油调制而成；“湿调料”则是由腐乳水、盐水、蒜泥水、稀醋水、酸番茄汁等调制而成，这么庞大的味道阵营，那卷粉自然勾魂摄魄了。

### 2. 牛羊肉粉

牛羊肉粉也是凯里人爱吃的。牛羊肉粉起始于什么年代已经无法考证，但那股味道着实让人迷恋。凯里人都爱吃牛羊肉粉，更有甚者，一年四季都离不开，每天必须去吃一碗才打得起精神。许多人为了喝到原汤，都要起个大早，天没亮就赶去吃粉。凯里有“冬至吃碗牛羊肉粉，整个冬天都不冷”的说法。人们养成了冬至吃牛羊肉粉的习惯，每年这一天，粉馆里外挤满了人，交钱长队一直排到街上，没有坐处，就端起碗站着吃。下面介绍一下羊肉粉的做法：先将米粉在开水锅里烫三次，除去酸味，盛在瓷碗中，然后放上一层薄薄的经煮熟榨压切成的羊肉片，最后浇上鲜红的辣椒油，撒一些花椒粉、蒜苗、香葱、芫荽等，热气腾腾，香气扑鼻，十分诱人。

### 3. 肠旺面

凯里人对面条情有独钟。凯里“二六二”“下司”这两个地方的面条下水熟不混汤，不粘锅，面条劲道。在凯里吃上一碗肠旺面，真是极美的。此面，取“长旺”之意，始创于晚清。不仅有滋味悠长的肥肠和血旺、用猪五花肉制成的脆臊，还有肠油、脆臊与辣椒油制成的红油，形成“三臊”加红油的特色。

### 4. 豆花面

豆花面是凯里人对美食界的另一项贡献，创制于20世纪初，迄今已有百多年之久。今天的凯里市，豆花面馆遍及大街小巷，生意火红。豆花面味道的好坏，关键在肉臊。清朝末年，豆花面是一种素食，后来经过改进，加上了肉臊。肉臊是将猪腿精肉和鸡肉切成肉丁，然后加上鱿鱼和榨菜丁，拌上适量甜酱、胡豆酱等，再用猪油和菜油各半的混合油炒熟，加上几颗香酥的花生米，放入小碗内，再佐以辣椒、酱油、味精、葱、姜、香菜，薄荷等香料，美味可口，唇齿留香。

### 5. 肉末面

凯里人爱吃粉，但美味的不只是牛羊肉粉，还有鲜猪肉末粉。鲜猪肉末粉采用精选的猪肉，剁成末，配以精心熬制的汤汁，浓香扑鼻，令人食欲大增。如果在粉中加入精心炸制的脆哨，那更是口齿留香，酥脆难挡。

### 6. 鹅肉粉

鹅肉粉发源于凯里，和贵州流行的圆米粉不一样，鹅肉粉用的是扁平的米皮，比凉粉厚实，比圆米粉更易入味。被鹅肉汤浸透的米皮吃起来口感细腻，与滑溜溜的圆米粉相比，口感醇厚，很衬奶油味道浓郁的汤。但鹅肉粉一般比较烫，鹅油的沸点好像比一般的动物油高，滚开的鹅肉汤表面的鹅油特别保温，看上去波澜不惊，热气都不冒，但喝一口就会被烫得哇哇叫。所以，吃鹅肉粉需要不停地吹，很适合秋凉之后吃，吃下去肚里很暖。如果再配上一点卤制鹅系列小吃，那真是绝配了。

### 7. 酸汤砂锅粉

酸汤砂锅粉是凯里市和周边一些地方特有的一种小吃。它主要是以当地的一种特色调料酸汤作为主料，配以卷心菜、猪肝、瘦肉、豆芽、火腿肠等一些配料（配料可以根据口味增加或减少），随意搭配而成的一种汤米粉。酸汤粉做早餐是不错的选择。既清爽提神，又开胃。

黔东南美食种类繁多，但水果品种不多，主要有金秋梨、金橘、板栗、枇杷、椪柑、柚子等，这些人工培植的水果远没有野果、野草、野菜的营养价值高。比如，折耳根不仅可以食用，还可以入药，是食药同源的植物。再比如，清明菜在黔东南有举足轻重的地位，是棉菜粑粑的主要佐料，清香回甜，营养价值非常高。如图 10.30 ~ 10.35 所示。[①]

图 10.30　凉拌折耳根

图 10.31　黔东南金秋梨

图 10.32　黔东南野菠萝

图 10.33　黔东南红板栗

图 10.34　拐 枣

图 10.35　枇杷果

① 图 10.30～10.35 来源于网络。

# 第十一章

# 黔东南的民居

## 第一节　特色民居吊脚楼

黔东南的传统民居，不论是苗族还是侗族，一般都是三开间，少数为五开间。多为南北朝向，房屋前后都有窗，部分民居还有出挑的栏杆与走廊供人停驻，不仅通风透气，而且美观实用。

吊脚楼是苗族和侗族最为常见的民居。贵州素有“天无三日晴，地无三尺平”之称。这里山形复杂，地势不平，苗族和侗族人民就依靠山势，智慧地创造出了干栏式建筑——吊脚楼。

吊脚楼一般建造在斜坡上，分两层或三层。最上层很矮，只放粮食不住人，最底层，也就是楼下，可以堆放杂物或作为牲口圈，中间住人。随着社会的发展，人们生活水平的提高，现在的吊脚楼底层一般只堆放杂物,或作为活动场所,关养牲口的圈单独设置在房子的旁边。

苗族和侗族人民大多居住在高寒山区，这里山高坡陡，人们平整、开挖地基不容易，加上阴雨多变，潮湿多雾，此外，山区多毒虫毒蛇，这种架空的建筑不仅排出了底层潮湿的地气，防止毒虫毒蛇的侵扰，还通风干爽。在山区，这样的房屋最适合居住。

吊脚楼分全吊脚楼和半吊脚楼两种（见图 11.1、图 11.2）。全吊脚楼指房子的底层全架空，半吊脚楼指房屋有一半是架空的。吊脚楼一般以四排三间为一幢，有的除正房以外，还搭有一两个“偏厦”。每排木柱一般有九根，即五柱四瓜。每幢木楼，一般分三层：上层储粮，中层住人，下层围圈（堆放杂物或关养牲口）。每幢楼房最中央的一大间被称为“堂屋”，堂屋中央的板壁上供“天地君亲师”的神位，神位上方的横批是“祖德流芳”，横批下方有一副楹联，上联是，“金炉不断千年火”，下联是，“玉盏长明万岁灯”。从堂屋的设置可以看出苗族人和侗族人的家传观念是很浓厚的。一方面，表达人们的感恩之心；另一方面，体现人们渴望人丁兴旺的美好愿望。堂屋左右两边的房间一般是老人或年轻夫妇居住，男性未婚青年住老人房间后面的屋子，女性未婚青年一般住偏厦二楼。

吊脚楼的大门前一般有一排木质走廊，有的还在走廊中间设置了一段美人靠。这个走廊可以远眺，可以晾晒衣物，可以悬挂辣椒玉米。有客人来访，大人们在堂屋议事，小孩则可以在走廊上玩耍。

图 11.1　全架空式吊脚楼

图 11.2　半架空式吊脚楼

## 第二节　侗寨鼓楼

鼓楼是侗乡具有独特风格的建筑物（见图 11.3）。鼓楼以杉木凿榫衔接，顶梁柱拔地凌空，排枋纵横交错，上下吻合，采用杠杆原理，层层支撑而上。鼓楼通体全是本质结构，不用一钉一铆，由于结构严密坚固，可以数百年不朽不斜。鼓楼是侗寨老年人教歌，青年人唱歌，儿童学歌，民间老艺人传歌、编侗戏的场所。

鼓楼是侗族村寨的标志性建筑，从形式上分为歇山式（俗称屋顶形，因侗族房屋多为歇山顶形而出名）和攒尖顶式（俗称伞顶或尖顶）。鼓楼全用杉木凿榫衔接，不用钉铆，也没有木楔，结构精巧，造型美观，顶层悬有一长形大鼓。鼓楼一般高达十多米，有几层甚至十几层不等。鼓楼形似宝塔，最早是为了便于人们有一个集会的场所以及击鼓传递信息而建。所以在侗族村寨中，人们常常环绕鼓楼建造房屋。侗寨中，高高的鼓楼矗立中央，周围民居环绕，依山势层层延展，这种格局体现出侗族亲和团结的文化内涵。

在黔东南侗族南部方言区的黎平、榕江、从江三县，凡是有侗族村寨的地方必建鼓楼，鼓楼成了侗族村寨的标志。同时，鼓楼还是吉祥、团结、兴旺的象征，是侗族人文化和智慧的结晶。侗族鼓楼不是单一的结合体，而是一种文化的结合体。鼓楼主要有如下社会功能：一是休息娱乐；二是聚众议事；三是执行规约；四是击鼓报信；五是迎宾送客；六是鼓楼取名；七是踩堂祭祖；八是鼓楼葬礼。鼓楼对于侗族人来说，是最具有象征性的文化符号。其中沉淀和蕴藏着侗族最重要的文化元素。以鼓楼为中心，几乎可以洞察侗族文化的全部。

图 11.3　侗寨鼓楼群

## 第三节　侗族风雨桥

风雨桥在黔东南随处可见。由于侗家人在桥楼上彩绘桥体，因而又称之为花桥。除贵州外，湖南、湖北、广西等地也有风雨桥。风雨桥由桥、塔、亭组成，全用木料筑成，桥面铺板，两旁设栏、长凳，桥顶盖瓦，形成长廊式走道。塔、亭建在石桥墩上，有多层，檐角飞翘，顶有宝葫芦装饰，被称为世界十大最不可思议桥梁之一。因行人过往能避雨，故得名。风雨桥是侗族建筑艺术的精华。侗族人民在环绕村寨的河流上或穿寨而过的小溪上建起一座座具有浓厚民族特色的风雨桥。风雨桥的全部桥身都用杉木横穿直套，卯眼相接，不用一根铁钉和铁部件，结构极为合理（见图 11.4）。

图 11.4　侗族风雨桥

侗族有三宝，即鼓楼、风雨桥和侗族大歌。侗族大歌无论是音律结构、演唱技艺、演唱方式还是演唱场合均与一般民歌不同，它是一领众和，分高低音多声部谐唱的合唱种类，属于民间支声复调音乐歌曲，这在中外民间音乐中都很少见。侗族大歌不仅仅是一种音乐艺术形式，对侗族文化及其精神的传承和凝聚都起着非常重要的作用，是侗族文化的直接体现。

# 第十二章
# 黔东南的节庆活动

## 第一节　黔东南的节日概说

黔东南素有“百节之乡”的美称，一年中有节日集会 146 个。节日活动丰富多彩，有唱歌跳舞、斗牛赛马、吹芦笙、踩铜鼓、赛龙舟、玩龙灯、唱侗戏等等。主要的民族节日有芦笙会、爬坡节、姊妹节、吃新节、龙舟节、苗族的苗年、侗族的侗年、泥人节、摔跤节、“三月三”歌节、“七月二十坪”歌节、水族的端节、瑶族的盘王节等等。这些节日集会展现了黔东南的民族风情和灿烂文化。

苗族和侗族丰富多彩的民族文化令人自豪和骄傲。这里有全国最大的苗寨——雷山西江，全国最大的侗寨——黎平肇兴，有世界上最古老的情人节——台江姊妹节，有世界上独木龙舟的发祥地——台江施洞，有粗犷奔放的苗族祭祀狂欢舞蹈——反排木鼓舞，有“行云流水”的苗族飞歌，有“天籁之音”的侗族大歌，有由杉树演变而来的凝固于空间历史侗族古老的鼓楼，有记载镌刻历史的精美而斑斓的苗族服饰，独具特色、原汁原味的民族民间节日文化、民族服饰文化、民族饮食文化、民族婚俗文化、民族歌舞文化都是千百年历史的沉淀，因此，黔东南被国内外游客盛赞为“世界上最大的民族博物馆”“人类疲惫心灵的最后家园”“人类保存的最古老的歌谣”，除此之外，黔东南是世界乡土文化保护基金会确定的全球 18 个生态文化保护圈之一，是联合国教科文组织推荐的世界十大“返璞归真，回归自然”旅游目的地首选地之一。

## 第二节　黔东南民族节日

黔东南民族节日比较多，大多比较隆重，以下主要介绍几种：

### 一、苗　年

苗年是苗族人民最隆重的传统节日。各地区过苗年的时间不同，从每年农历九月至正月。过苗年的头几天，家家户户都要把房子打扫干净，积极准备年货，如打糯米粑、酿米酒、打豆腐、发豆芽，一般还要杀猪或买猪肉等。富裕的人家，还要做香肠和血豆腐，为家人缝做新衣服等。在苗年三十的晚上，全家都要在家吃年饭，守岁直到午夜才打开大门放鞭炮，表示迎接龙进家。在天刚拂晓时，每家都由长辈在家主持祭祖。早餐后，中青年男子便上邻居家拜年，祝贺新年快乐。在新年的头两天，家里有若干禁忌，如不外出挑水，不上山砍柴、割草，不扫地，妇女不做针线活等。苗乡的男婚女嫁，一般都选在过苗年的时间。从第四天开始，一些年纪大一点的人也纷纷挑着酒、肉、糯米粑等走亲访友，或者在家忙于接待客人；一些年轻男女或在各自的村子里吹芦笙跳舞，或跳铜鼓舞、斗牛，或男女对歌，倾吐爱慕之情。活动需历时 9 天左右才能结束。

黔东南以雷山县的苗年节最为隆重，多年来，雷山苗年变成了雷山一张烫金的名片，在贵州乃至全国形成了文化品牌，节日期间，雷山县人民身着节日盛装，载歌载舞，无比热闹。

### 二、春　节

这是以农历正月初一为岁首的汉族和其他少数民族共同欢度的传统节日。黔东南苗族把春节叫作“汉年”，将其与传统的“苗年”并存，和其他民族共同欢度，尤其是那些不过苗年的苗族地区，主要是过春节，但不及苗族过苗年隆重。识汉字的苗族也贴些对联、门神之类的，其余与过苗年相同，即增加了斗牛、赛马、走亲访友以及男女青年对歌等民族特色的内容。有的人家也将男婚女嫁的喜事选在春节期间举行。

黔东南春节活动时间一般是从初一至十五，丹寨、雷山举办活动的时间、地点和活动内容都有所不同。雷山举办的时间是初一至初三，地点为永乐、公统、桃江、开屯，活动期间会有踩铜鼓、吹芦笙、赛马、斗牛等，而丹寨举办的时间是初一至十七，活动举办地点为排调、五里铺、长青、兴仁，活动期间有跳芦笙、踩铜鼓、斗牛、耍龙灯、唱山歌、赛马、舞狮子等活动项目。节日期间，游客可以选择吃特色农家菜，住农家木房，参加当地的特色活动，感受节日的氛围。

## 三、吃新节

每年农历六七月间，当田里稻谷抽穗的时候，苗族村寨家家户户在卯时（有的在辰时或午时）欢度“吃新节”。到时，每家都煮好糯米饭，将其和一碗鱼、一碗肉等一起摆在地上（也有的摆在桌上），并在自己的稻田里摘 7 ~ 9 根稻苞放在糯米饭碗边上，然后烧香、纸，由长者掐一丁点鱼肉和糯米饭抛在地上，并滴几滴酒，以表示敬祭和祈祷丰收，然后把摘来的稻苞撕开，挂两根在神龛上，其余的给小孩撕开来吃，完成后全家人高高兴兴地共享美食。第二天，各村寨的男女老少纷纷穿着新衣去参加芦笙会，跳芦笙舞，有的拉马去跑马场赛马，有的牵水牯牛去斗牛场斗牛，一般持续 2 天左右。

## 四、芦笙节

芦笙节是苗族地区最普遍、最盛大的传统节日。各地的节期不统一，一般在农历的正月、二月或三月，个别地区选在七月举行。主要是祭祀祖先，庆祝丰收。一般在节日之前要举行仪式，先由某村德高望重的老人主持祭祖仪式，与此同时，各家各户都在自家自行祭祖，随后各村各寨的姑娘穿着盛装，佩戴银花银饰，小伙子们都各自带着芦笙，从四面八方向芦笙场地涌来，各村的青年男子各自围成圆圈，吹笙跳舞，持续四五天，气氛十分热烈

## 五、龙船节

龙船节是苗族的传统节日，流行于黔东南的凯里、台江一带。节日期间，有赛龙舟、抢鸭子、射击、踩鼓、赛马等庆祝活动。平寨、廖洞等 67 个苗族村寨，每家都有一至两条供划船比赛用的龙船。每年的农历五月初五以及二十四日至二十七日这五天，居住在河两岸的苗族群众轮流举行盛大而隆重的龙舟竞赛。麻江下司、镇远县、剑河县、天柱县在农历五月初五或农历五月十五时举行龙舟赛。届时场面非常热闹。苗族的龙船节，虽是以赛龙船为主要内容，但同时也是民族文化娱乐和青年男女进行社交活动，中老年人探亲访友、交谈年景和生产经验的节日。龙船节期间，天柱县出嫁的女儿还要回娘家拜节，很隆重。

## 六、四月八节

每年的农历四月初八，黔东南的黄平县、天柱县、三穗县、榕江县会举办各种活动，例如赛马、吹芦笙、斗雀、祭祖（黄平），集会对歌（天柱），敬牛王菩萨（三穗），做黑米饭（榕江）等。节日期间，人们可以品尝苗族酸汤系列（酸汤鱼、酸汤牛肉、酸汤猪脚等）、辛辣系列、农家系列等特色菜肴，入住民族精品酒店。

## 七、踩鼓节

踩鼓节流传于贵州的凯里、丹寨、雷山等县的苗族地区。节日当天，苗族青年男女自动聚集到当地规定的歌场上踩鼓。这种鼓是用实

心楠木挖空、两端绷以牛皮制成的。届时，由一个有威望的老人，将放在他家的楠木鼓和鼓架一齐搬进鼓场，并用力敲鼓，人们都闻声前来翩翩起舞，年轻人趁机择偶；老年人也穿着新衣，围着楠木鼓唱古歌。舞毕，姑娘们便拿出亲手编织的花带，敬献给楠木鼓，表示对楠木鼓的感恩。人们尽情欢唱，直到天黑才离开鼓场。最后，由鼓主把楠木鼓抬回家，端放于楼上。每逢节日还要用鱼肉敬祭楠木鼓（见图 12.1）。

图 12.1　万人踩鼓

## 八、姊妹节

苗族传统节日“姊妹节”又称“姐妹节”，是清水江中游沿岸苗族青年特有的社交性节日集会，有的村寨在农历的二月十五过，有的村寨在农历三月十五过，台江施洞地区的姊妹节最有特色。每逢过节，家家都要准备不少由红、黄、白、黑、绿五色糯米饭搅拌在一起的“姊妹饭”以饷宾朋。白天，江边、路边、沙滩上、草地上人山人海，入夜，江边的沙滩上、草地上，高亢的飞歌声、浑厚古朴的大歌声和情歌声交织在一起，在宁静的夜里传到很远很远。每年春天，那里的苗族妇女都要过一次“姊妹节”，吃上一餐“姊妹饭”。节日的早上，寨子里的姑娘们便去田里捉鱼，准备“姊妹饭”，不管她们到哪家田里捕捞，都会受到欢迎。妇女们吃完“姊妹饭”后，便各自带上事先准备好的彩色糯米饭，到“游方”场找小伙子对歌。小伙子想要吃糯米饭，必须在对歌中取胜。除对歌以外，妇女们可以随意参加各种娱乐活动。

出嫁的姑娘也要回娘家过“姊妹节”。

## 九、鼓藏节

鼓藏节系苗族重要的祭祖活动。“鼓藏节”是最具特色、最能体现苗族民族文化的节日，具有鲜明的民族传统文化内涵。怀念祖先、尊老爱幼、和睦相处、勤劳俭朴、富裕安康等是鼓藏节的祷告主题。苗族鼓藏节是研究苗族历史与文化的百科全书,具有重要的价值。在2006年5月20日，该民俗经国务院批准，被列入第一批国家级非物质文化遗产名录。

## 十、元宵节

元宵节是苗族的传统节日，但这个节日不是一个独立的节日，而是和除夕节一样，属于传统苗年节的重要组成部分。每年的正月十五，融水山区苗族村寨都要欢度元宵节，当地苗族群众把这个节日称为“努旧主追”，“努”是吃、过节的意思，“旧”是糍粑，“主追”是专指正月十五，合起来就是苗家人在一起吃正月十五的糍粑。每年苗年节，苗族群众要吃两次糍粑，一次是除夕之夜，称为“努旧拜主”，“拜主”专指大年三十。大年三十吃糍粑，象征团团圆圆和和美美；而正月十五吃糍粑，却是象征一年开工之始，是全家人在一起欢度苗年节以后，即将分手奔赴新的征程。如果说，“努旧拜主”是团圆糍粑，那么，“努旧主追”就是离别糍粑，它是苗家人对新一年的寄托和期盼。台江、剑河地区的元宵节尤为隆重，活动期间还会举办玩龙灯、斗牛、跳芦笙等活动。

## 十一、祭“祖母”

贵州省黔东南州榕江县古州镇寨头村和口寨村联合举行仪式，祭奠侗族共同的祖先神灵“萨玛”，欢度侗族传统“萨玛节”。“萨玛节”

是侗族现存古老的传统节日。“萨玛”是侗语的音译，“萨”是祖母，“玛”为大，“萨玛”即大祖母。相传在母系氏族社会，侗族一位英勇善战的女首领在抵御外敌的入侵中，屡立战功，却不幸在一次与数倍于自己的敌人战斗中壮烈牺牲。侗族人民对她无比崇敬，将她视为能带来平安吉祥的神灵，尊称她为“萨玛”。

侗族村寨每年农历正月至二月或秋后择吉日祭祀萨玛，有的一个村寨单独祭祀，有的几个村寨联合祭祀。有一年，口寨村邀约寨头村一起祭萨，当天，两村侗族同胞身着盛装，头插预示万古长青的艾草，到萨玛祠给萨玛敬香敬茶，并在开路寨老和象征萨玛的手持半开黑伞的老人的带领下绕寨串寨，然后在耶坪手牵手围成圆圈，唱耶歌，赞颂萨玛，祈求萨玛保佑村寨平安、风调雨顺、五谷丰登。活动期间还会举办祭祀、吹芦笙、唱“耶歌”、赞颂“祖母”等活动（见图 12.2）。

图 12.2 祭“祖母”

## 十二、苗族斗牛节

苗族人民爱斗牛，以水牛相斗，并不是戏牛取乐，而是以斗牛的方式，展示苗家敬牛、爱牛的特性。苗家在斗牛中体验优胜的美感。基本上每个集会节日都有斗牛活动，每年秋收后，还有专门的斗牛节。斗牛有几种，一种是耕牛兼斗牛，这种牛比较雄健，耕作时节耕田犁地，节日拉去斗打；一种是专业斗牛，这种牛是根据各种条件精选出来的，平常不耕作，为一个寨子或一个家族共有，由一个选定的具有丰富养牛经验的能手饲养，节日期间拉去参赛。凯里、剑河、天柱尤为盛行，凯里举办时间为农历七月十四至十六，凯棠、凯哨举办时间为农历七月二十三，天柱水洞和石洞举办时间分别为农历九月初十和十月初十，剑河举办时间为农历二月初二。斗牛期间还会举办斗牛、赛歌等活动（见图 12.3）。

图 12.3　斗牛赛

## 十三、侗族斗牛节

侗族人以斗牛为乐，多在春秋之季进行。虽然同是两牛相斗，但南北侗乡礼仪各异。侗族斗牛节是侗族同胞的传统节日。侗家喜欢斗牛，村村寨寨都饲养着善斗的“水牛王”。“斗牛节”是在每年农历的二月或八月里逢“亥”的日子里举行。节前，各自约好对手，做好斗牛的准备。节日这天清晨，铁炮三响，“牛王”踏着锣鼓和芦笙的乐器声进入斗牛场。这时一支支队伍，手持金瓜、月斧，举着各种旗帜，前呼后拥，绕场三周，算是“入场式”，也叫作“踩场”。接着，各队牵着自己的“牛王”，举着火把，严阵以待。铁炮一响，他们便将火把往前一抛，参斗的两头牛从两端四蹄腾空，冲了上去，斗作一团，难解难分。场外人群呐喊助威，气氛紧张热烈，场面十分壮观。侗族斗牛节以从江和黎平尤为盛行，时间为每年九月至腊月亥日，活动期间还会举办斗牛和唱大歌等活动。

## 十四、四十八寨歌节

四十八寨歌节系以贵州省天柱县为主，贵州省锦屏县、湖南省靖州县参与的侗族、苗族人民群众集会唱歌、交友的民族节日。该节日因最初流传于贵州与湖南交界的四十八个侗族、苗族村寨（贵州天柱占 70%）而得名。在长期的民族民歌交流活动中，四十八寨歌节形成了视活动地点而变化的特征，唱腔有河边调、高坡调、青山调、阿哩调等，主要分布在天柱县竹林乡、坌处镇、远口镇、社学乡，锦屏县三江镇、茅坪镇，湖南省靖州县大堡子镇、三秋乡的大部分村寨。时间跨度为每年农历的五月十五日至八月中旬。

## 十五、翻鼓节

翻鼓节既是祭祀祖宗、迎接春天、祈祷丰收的节日，也是人们联欢娱乐、交友寻偶的节日。二月，当南皋河两岸的山野新坡片片翠绿、粉红桃花点缀褐灰色山野的时候，丹寨县南皋乡清江村的家家户户开始准备过他们苗家独特的节日——翻鼓节。

翻鼓节是由鼓藏节演变而来的。每年春、秋各过一次。除了个别村寨在每年农历正月、九月猪（亥）或狗（戌）场天过以外，都是在农历二月、九月的猪（亥）、牛（丑）或龙（辰）场天过，节日内容为祭祖宗、宴亲友，跳踩鼓舞、斗牛、唱歌等，一般持续 3 天。节日前一天，鼓头要在自家的田里抓鱼。节日第一天，清晨，各家蒸糯米饭、杀公鸡、煮鱼炒肉，在桌上或簸箕内摆上糯米饭、甜酒、鱼、鸡、肉等祭品，烧香纸，酹酒掐食祭祖。第二天中午起，踩鼓场上人山人海，热闹非凡。第三天，年轻人在村寨附近的山坡上成群结伴、成双结对地对唱山歌，交朋结友，谈情说爱，让友情、爱情之花伴随着春天的到来而成长、开放。

## 十六、爬香炉山

位于凯里市西北部的香炉山，山上杂花丛树，修篁茂密，云雾缭绕。有肥田沃土，深井细流；有古代营盘、寺庙和南天门遗址；有反映起义故事和民间传说的遗迹。每年农历的六月十九日，周围二三十里的苗族人民云集于此，举行传统的“爬山节”活动，老年人多往山顶观光及祈神，盛装打扮的青年男女，或用芦笙伴奏，翩翩起舞，或席地相向，吟咏传说故事，歌唱友谊和爱情。静寂的青山顿时成为欢腾的闹市和歌舞的海洋。

## 十七、侗　年

节日期间，各家或杀猪宰羊，或杀鸡杀鸭，请客访友，宴饮作乐。节日前一天，备豆腐、鱼虾，当晚用酸水煮熟，经一夜冷却成“冻菜”，节日当天便以“冻菜”祭祀祖先。

是日，侗家备好各种酸菜、冻鱼、糍粑以馈亲友，叫“吃杨粑”。过农历大年时，对方要如数奉还，称“还杨粑”。一般人家过侗年时杀鸡宰鸭，宴请亲友。

侗族人民认为在五谷丰登、六畜兴旺、一切农耕事务完毕的秋后，便是劳作的一年已经过去，新的一年到来的时候。在这被认为是旧岁已去、新年到来、禾谷满仓、禽畜满圈之时，家家杀猪宰羊庆贺，年复一年而沿袭成侗族的新年吉庆。

榕江七十二寨一带的侗寨于农历十月底至十一月初举行欢度新年的庆祝活动。新年之际，家家将房前屋后打扫干净，男女老少更换新装，人们宰猪杀牛，准备舂糯米粑。从十一月初一到初五，举行大规模的跳芦笙踩塘舞和斗牛活动，有的年轻人则趁此佳期举行婚礼，宴请亲友。

## 十八、抬官人

在黎平肇兴一带和黄冈等地，有一项侗族喜爱的民俗活动，叫作“抬官人”。据说此项活动已有 300 多年的历史。“抬官人”一般在春节期间进行。“官人”由侗寨里的一个青年或小孩装扮，乘坐“滑竿”，旁边跟着画得奇形怪状的“随从”，他们有的赤臂露体，有的身画青龙白虎，有的饰兵匪乞丐，有的饰妖魔鬼怪。队伍后面还跟着一大批衣着靓妆、头插羽毛的年轻姑娘。她们一手撑花伞，一手提竹篮，篮内盛满食品。

# 第十三章
# 黔东南的其他活动

## 第一节　二月二祭桥节

农历二月初二是一个特殊的日子。说它特殊，是因为相比于春节、清明、中秋等传统节日或者相对于二十四节气，它算不上一个重要的节日。不过在贵州黔东南，它却是一个影响范围甚广的祭祀日子。在北方，民间传说二月初二是天上主管云雨的龙王抬头的日子，从此以后，雨水会逐渐增多起来，所以北方人把“二月二”叫作“龙抬头节”，祭龙就成了北方民间最普遍的祭祀活动。在南方，二月二这天的活动非常丰富，有花朝节、踏青节、挑菜节等等。在黔东南，二月二这天最重要的习俗则是祭桥和煮红蛋，其目的在于为儿孙祈福。到了二月二这天，人们只要到苗乡侗寨周边走一走，在田垄间，或在溪水上，随处可见新架起的小木桥。小木桥两头还扎有很多的红花布条，桥四周还残留着香蜡纸烛的碎片。

中国人自古讲究儿孙满堂，更把“无后”视为最大的不孝，所以那些婚后不育、儿女不全的人家就会选择一个地方架桥，以求上天显灵降儿送女；有的人做了恶事后幡然悔悟，想要痛改前非，也会选择架桥铺路，来证明自己改错的决心；有的人时来运转，或升官，或发财，认为这是祖先积德和上天帮助的结果，为了还愿，他们也会建一座桥来方便人们出行。这些都被视为“修阴功”的积善积德之举。虽然人们的出发点不同，但在客观上都造成了建桥的事实，极大地方便了人们生产生活的实际需要。所以在黔东南地区，各种各样的藏身于山野间的桥就成了当地农村最多最有特色的“古建筑”了。例如，有一根或几根木头组成的独木桥、小木桥，有就地取材用一块石板铺就的石板桥和一个个大石头串结起的石墩“桥”，有最能代表中国传统建筑文化的石拱桥，有凝结了少数民族智慧和美丽传说的风雨桥，等等。

这一座座的桥，或平铺在田野，或飞跨在山涧，或横卧在溪上，造型独特，风格各异，不仅体现了黔东南人民的智慧和审美情趣，也是黔东南人民展现给世人最独特、最亮丽的风景之一。

## 第二节　挂红蛋

农历二月二是龙抬头的日子。在苗乡侗寨，这天的活动主要有三项。一是架新桥，二是给孩子挂红蛋，三是给孩子拜保爷保妈。架桥和拜保爷保妈不一定家家都做，但是，凡有孩子的家庭，这一天是一定会给孩子挂红蛋的。这个习俗，又从何而来呢?

相传，在很久以前，有一对夫妻结婚多年没有生育孩子，他们是多么地盼望有孩子啊！一次睡梦中，男子在梦里遇到一位白胡子老者，老者对他说:“如果你想要孩子，就在农历二月二这天到沟渠上去架一座桥，桥架好了，就在桥头供上煮好的刀头肉和红蛋，再烧香烧纸。这时候就会从桥那头走来一个孩子，然后你马上抱住他，喂他吃你煮的红蛋，他以后就是你的孩子了。”那男子真按老者说的做了，他在新桥这头真的等来了一个孩子，那孩子就是他的了。从此，在苗乡侗寨，家家户户为了孩子长命百岁，健康平安地成长，都会在这一天煮红蛋给孩子挂在胸前，并再三嘱咐孩子一定要在当天把挂在胸前的红蛋吃掉。

自那以后，在苗乡侗寨，农历二月二这一天给孩子们挂红蛋就成了一种习俗。

## 第三节 拦门酒

拦门酒是少数民族村寨迎接贵客的一种礼节，习俗十分原始古老。侗族、苗族的拦门酒，别具情趣。

苗乡侗寨的拦门酒，只有在这两种场合举行。一是在贵客来临时，寨门要设拦门酒，表示对贵客的热烈欢迎；二是在迎娶新娘时，娘家人要设拦门酒，以此考验新郎及其家人。

贵客来到苗寨、侗寨，主人就在寨门口搭起牌坊彩楼，寨中姑娘们身着节日盛装，到寨门外排成两行迎接客人，每个姑娘手里都举着装满米酒的牛角依次向客人敬酒。一弯牛角可盛一斤多米酒，如果客人不懂规矩，用手去碰牛角，就得将牛角里的酒全部喝下，三下两下，客人就会被醉倒在大门外，故称“拦门酒”。对待拦门酒，客人正确的做法是，当姑娘们敬酒时，用不着客套，你只需垂下或背着两手，仰脖伸嘴去接，这样一个姑娘敬一口也就算过关，不致醉倒被拒之门外。

新郎到新娘家迎娶，新娘家人关上大门，在门前设拦门酒，娘家人对新郎家人唱歌，新郎家人需对答如流方能接走新娘，不能正确唱和的，要被娘家人画花猫脸，之后才能进屋接人。所以，在苗乡侗寨，那些被主人请去帮忙接亲的人，必定是能自编自唱的，口才极佳又能喝酒的男士。

拦门酒，既体现了苗乡侗寨人民热情好客，又表现了苗族侗族人民能歌善唱的特点。

图 13.1 拦门酒

## 第四节 美味社饭

社饭的习俗由来已久。社日是古代农民祭祀土地神的节日，有春社和秋社之分。春天请土地神保佑丰收，秋天则是供奉土地神作为感谢。到了现代，社日则逐渐演变成一种节日和饮食文化。

社饭是清明节的一种必备美食，做工比较复杂。要做成美味可口的社饭，首先将糯米用冷水浸泡 12 个小时，再把野山葱、香芹、大蒜苗、切成末后用火炒干的野茼蒿、腊肉丁、血豆腐丁、豆腐干丁备好。把菜油烧开，把花生、腊肉丁、血豆腐丁、豆腐干丁在油锅里过一道，这样会更加香脆。然后把准备好的食材加上糯米搅拌在一起，加上少许盐、花椒面，搅拌完毕后，用锅蒸熟便可食用了。苗家人做社饭不光是自家人吃，还把它作为馈赠亲友的佳品，故有民谚说："送完了自家的，吃不完别家的。"充分显示出苗家人淳朴、亲和的民风。

在黔东南，一般在清明节前后一段时间吃社饭。家里有亲人去世未满三年的是孝服人家，在清明节前吃社饭，也有的孝服人家三年不吃社饭，普通人家要清明节后才能吃社饭。

# 第十四章
# 黔东南的歌舞

## 第一节　黔东南歌舞概况

黔东南素有“歌舞海洋”的美誉，各民族历来以能歌善舞著称。苗族既有高亢激昂、热情奔放的“飞歌”，也有委婉动听、抒情优美的“游方歌”，还有质朴无华的“古歌”“酒歌”“大歌”，其调式不一，各具韵味，具有很强的艺术感染力。侗族的歌大多旋律优美，曲调多样，犹如潺潺流水，有合唱歌曲，也有独唱歌曲，特别是无伴奏、无指挥的多声部侗族“大歌”，以其古朴优美的曲调、独特的演唱方式享誉海内外。

黔东南的民族舞蹈多姿多彩，有动作刚劲有力、豪放潇洒，被称为“东方迪斯科”的苗族木鼓舞和庄重的踩鼓舞，有纯朴活泼的芦笙舞，有侗族的“多耶舞”。这些舞蹈具有浓郁的生活气息，是中华民族文化百花园中的奇葩。

在黔东南，民族舞蹈多姿多彩，令人眼花缭乱。每一种舞蹈都从生活劳动中演绎而来，有的豪放潇洒，有的纯朴活泼，有的端庄古朴。值得一提的是，起源于苗族祭祖节的反排木鼓舞，男女老少围鼓而歌，围鼓而舞，粗犷朴实、激情奔放，被誉为“东方迪斯科”，在一举手、一投足间，历史和文化就这样被传承下来。难怪有人说，来到黔东南，就想放声歌唱，就想纵情欢舞。

# 第二节　侗族大歌

侗族大歌是侗族多声部民间歌曲的统称，侗语称“嘎老”。“嘎”，就是歌，“老”，含篇幅长大、人多声多和古老之意，是由多人合唱、集体参与的古老歌种，多声部、无指挥、无伴奏便是它的特点。

侗族大歌需要 3 人以上的歌班（队）才能演唱，每个歌班包括至少一个领唱，一个高音和若干低音。多声部、无指挥、无伴奏是其主要特点。侗族大歌模拟鸟叫虫鸣、高山流水等自然之音，是大歌编创的一大特色，也是产生声音大歌的自然根源。它的主要内容是歌唱自然、劳动、爱情以及人间友谊，是人与自然、人与人之间的一种和谐之声。其主要内容可以分为鼓楼大歌、声音大歌、叙事大歌、童声大歌、戏曲大歌、社俗大歌、混声大歌等七种。

侗族大歌的演唱方式分为四类，即嘎所（嘎获）、嘎嘛、嘎想、嘎吉。其中的嘎所是最精华的部分。嘎所称自然大歌，其旋律多模仿自然界的虫鸣鸟叫，小河流水并以其昆虫鸟兽或季节为歌命名。如《蝉歌》《知了歌》《三月歌》等。嘎嘛称柔声大歌，一般以抒发男女恋爱之情为主要内容，特点是缓慢、柔媚而富感染力。嘎想称伦理大歌，是一种以劝教戒世为主的大歌歌种，音乐旋律起伏不大，注重歌词内容的表述，多以称颂或讽刺为主。嘎吉称叙事大歌，多以展开故事情节和人物对话为主要内容，音乐旋律舒缓、低沉而忧伤。叙事歌的歌词一般较长，歌者要有惊人的记忆力和丰富的表情。此外，侗族大歌亦可按性别和年龄分为“男声大歌”“女声大歌”“童声大歌”等种类。侗族人民个个能歌善唱，侗乡被誉为“歌的海洋”。侗歌讲究押韵，曲调优美，歌词多采用比兴手法，意蕴深刻。侗族大歌最主要的伴奏乐器是琵琶、牛腿琴，由它们伴奏的歌叫琵琶歌和牛腿琴歌。

“饭养身，歌养心”，这是侗家人常说的一句话，也就是说，他们把“歌”看得与“饭”同样重要。侗家人把歌当作精神食粮，用它来陶冶心灵和情操。侗族人民视歌为宝，认为歌就是知识，就是文化，谁掌握的歌多，谁就是有知识的人。由于以前侗族没有自己的文字，许多优秀的文化传统、生活习俗、社交礼仪等都是靠着优美的歌声一代一代往下传，“汉人有字传书本，侗族无字传歌声；祖辈传唱到父辈，父辈传唱到儿孙”自然成了侗族生活的真实写照。

侗族大歌是我国当前保存的优秀的古代艺术遗产之一，是最具特色的中国民间音乐艺术，也是国际民间音乐艺苑中不可多得的一颗璀璨明珠。如今它已唱出国门，惊动世界乐坛。

## 第三节　反排木鼓舞

在贵州黔东南的台江县方召乡反排村，流传着一种世代相传的苗族祭祀性舞蹈，即反排木鼓舞。鼓手多由寨中男性长者担任。这种舞蹈，每逢十二年才跳一次。木鼓舞由五个鼓点章节组成：第一章叫作“出门舞和砍草舞”，第二章叫作“过河舞”，第三章叫作“浮水舞”和“踩虫舞”，第四章叫作“招魂舞”，第五章叫作“丰收舞”。跳木鼓舞的所有人都不能说话。年轻人只能跟着会跳的人学，寨上平时也不能敲击木鼓。所以，跳时不是口传身授，而是通过有心人眼看模仿、耳听心记的传承方式，不会的人跟着会跳的人学，这样一来，学习难度很大。随着社会的发展，人们的文化素质不断提高，加上外来文化冲击，人们的思想意识不断变化，反排木鼓舞不再是鼓藏节的专属，而开始在重要节日里出现。舞蹈开始，人们一般歌舞并进，五体皆动，甩同边手，踏二四拍和四四拍。木鼓舞舞姿粗犷奔放，洒脱优美，头、手、脚开合度大，摆动幅度宽。反排木鼓舞，是以鼓导舞，鼓点是舞之音乐、舞之灵魂，舞随鼓点变化而变化。

2006 年，贵州省台江县方召乡反排村的反排木鼓舞被列为第一批国家级非物质文化遗产。随后，反排木鼓舞走出村子，走遍了全国，走向了世界，获得了很高的赞誉。

## 第四节　锦鸡舞

锦鸡舞是苗族芦笙舞中别具一格的民间传统舞蹈，发源于贵州省黔东南丹寨县排调镇境内，用于节日和祭祀活动。苗族姑娘五彩斑斓的服饰，犹如锦鸡展开的漂亮羽毛，故名“锦鸡舞”。

锦鸡是苗族儿女的恩人，也是苗家人的文化图腾。相传在苗族迁徙的历史进程中，是美丽的锦鸡帮助先祖们找到了最后定居的地方，也是它为先祖们带来了稻谷的种子和创造欢乐的飞歌。那时候，有一位老人在山里套到了只锦鸡，在清理时将锦囊包丢在草棚前的灰堆旁，谁知竟长出了小米，次年，他又把小米作种子烧荒播撒，竟长出了满坡小米，小米救了苗族祖先的命。于是，在黔东南定居后，苗族的祖先们一边开田，一边打猎充饥度日。为了感恩，便仿照锦鸡美丽的头饰装扮自己，在芦笙舞蹈中，模仿锦鸡的求偶奇态、神情跳舞。

“锦鸡舞”的舞蹈动作以四步舞为主，兼以六步舞转身。以四步舞为例，以左脚为先，左脚先向左侧轻迈一步，右脚跟着左脚靠拢，然后右脚向右轻迈一步，左脚则又向右脚靠拢，之后又轮到左脚向左迈步，右脚跟上，反复四次后即转换跳六步顺时针转身（转 180 度），如此往返，逐步侧身相随围成圆圈缓缓前行。每跳一步，双膝同时自然向前移动，犹如蜻蜓点水；双手于两侧自然放开，悠然摇摆，舞姿轻盈柔美。

锦鸡舞讲究服饰的搭配。黔东南大山里的锦鸡，羽毛色彩绚丽。它头青、颈绿、身红、尾毛呈麻花状且比身长。锦鸡羽毛漂亮，百鸟无比，深受人们喜爱。于是，心灵手巧的苗族姑娘，用不同颜色的丝线，仿照锦鸡的羽毛绣出有各种花纹图案的衣裙，穿在身上就像锦鸡一样美丽。每当逢年过节，当芦笙手们吹响芦笙时，只见女性个个绾发高耸，头上插戴锦鸡银饰，上身穿开襟短绣衣，有的下身外着绣花超短百褶裙，有的着绣花百褶长裙。裙前后各系一张长方形花围腰，后腰上面挂满各色手织花带，颈戴银项圈，手戴银手镯，脚穿翘尖绣花鞋。打扮得像锦鸡一样美丽的姑娘们踩着“四滴水”芦笙舞曲翩翩起舞。

锦鸡舞表现了苗族人民温和娴静的性格，体现了人与自然和谐相处，凸显着苗族人民古老而绚烂的美感追求，是民间舞蹈中一枝烂漫的山花。如今，锦鸡舞在传播的过程中已逐步演变。其舞蹈动作多种多样，有“锦鸡觅食”“嬉戏”“展翅翱翔”等，其动作轻盈流畅、优雅自然，深受人们喜爱，处在深闺人未识的锦鸡舞从山旮旯走进了都市，从民间走上了舞台，从国内走向了国外，深受国内外艺术家的赞誉。

## 第五节　芦笙舞

芦笙舞，又名“踩芦笙”“踩歌堂”等，因用芦笙为舞蹈伴奏和自吹自舞而得名。它流行于贵州、广西、湖南、云南等地的苗族、侗族、布依族、水族、仡佬族、壮族、瑶族等少数民族聚居区，是南方少数民族最喜爱、分布最广泛的一种民间舞蹈。芦笙舞大多在年节、集会、庆贺等喜庆时刻表演，主要有自娱、竞技、礼仪三种类型。

关于芦笙舞的起源，苗族有朴素和美妙的传说。相传盘古开天地之时，大地一片荒凉。那时，苗族祖先是靠狩猎飞禽走兽作衣食的，为了解决捕获鸟兽的困难，当时一个心灵手巧的小伙子，在林中砍下树木和竹子，做了支芦笙模仿鸟兽的鸣叫和动作，吹跳起来以引诱各类鸟兽。从此，人们每次狩猎均有所获，于是芦笙舞也就这样传了下来。

芦笙舞是苗族人民祭祖或欢度佳节的主要舞蹈之一。芦笙舞的形式可分为吹笙伴舞、吹笙领舞与吹笙自舞三种。前两者吹笙可以是七、九、十一或更多人。吹笙伴舞，即吹笙者不舞或在场中小舞，周围男女群众层层环绕舞蹈；吹笙领舞，即吹笙者在前边吹边舞，男女群体结队绕圈踏声舞蹈，场面蔚为壮观；吹笙自舞，即小集体、两个或单个吹笙者用小芦笙表演，亦吹亦舞、舞蹈动作高难，配合默契。芦笙舞蹈动作可概括为走、移、跨、转、立、踢、别、勾、翻等。芦笙舞动作表现或庄重肃穆；或节奏紧凑，动作激烈；或轻松明快、活跃敏捷，都因适用的不同而有异。吹笙自舞又称为自娱性芦笙舞。从动作特点上看，又可分为“踩”和“跳”两种，“踩”以两膝的轻微屈伸并踏着节奏向前移动为特色，“跳”是由动力脚落地后，下肢的颤动以及抬脚踹动，上身随之自然地摆动为特色。前一种娴雅、端庄，后一种柔和、潇洒。

芦笙舞内容十分丰富。盛行于黔西地区的有“巧喝酒”“蚯蚓滚沙”“滚山珠”和“芦笙拳”；盛行于桂西山区的有“过门坎”“猴子上树”和“滚地龙”；盛行于黔东南地区的有“牛打架”“斗鸡”等多种。前两个地区所盛行的主要以炫耀高难度技巧博取观众的喝彩；后一地区所盛行的主要是模仿禽兽的习性、神态，以表现出生活的谐趣，引人入胜。“蚯蚓滚沙”“滚地龙”是舞者跪地下板腰，以头顶地为轴心，随后挺起，边吹奏芦笙边翻身舞动。“巧喝酒”是在长凳上置一盛满米酒的杯子，然后，舞者围着长凳边吹、边舞、边下腰喝酒。

芦笙曲与芦笙舞体现出苗族人民的各种生活与文化形态。在黔东南，芦笙舞是苗族和侗族人民最喜爱的、最常跳的舞蹈之一。

## 第六节　板凳舞

板凳舞是苗族纯自娱性的、热情奔放的民间舞蹈。由一人或数人持板凳相击为鼓点，众人围于外而舞。鼓点多采用 3/4 拍节奏，众人时而聚拢，时而散开，且舞蹈动作较大，显得粗犷、豪放、激扬，表现了苗族人民豪放、热情好客的特点。

板凳舞节奏热烈，舞姿变化不大而又饶具风趣，道具简便，参与性强。相传很久以前，有一年，天空突然像着了火一样，干旱炎热，百花凋谢，五谷不生。原来，清水江的龙太子被望坡老人杀死了，浮在水面，故引起气候反常。于是，人们请来三位德高望重的老人，分别把十二个蛋、十二支香、十二砣泥巴供奉在天神、龙王前，烧香烧纸，向天神、龙王赔罪，请求风调雨顺。但是，整整求了九九八十一天，天神、龙王仍然不肯下一滴雨。人们只好成群结队地到处呼喊，连续呼喊了一个月，天上的姜央听到了呼喊声，连忙求见雷公，请求雷公开恩降雨。雷公不但不理，反而把姜央骂了一顿。为了解除百姓的苦难，姜央想来想去，砍来竹子做成芦笙，吹奏出优美动听的曲子。雷公听到芦笙曲，十分高兴，禁不住拿起两根小板凳，“啪啪”地敲响起来，并且不停地欢跳。雷公的板凳舞又感动了天神、龙王，于是给人类降下雨来。人们兴高采烈，也拿板凳跟着雷公跳起舞来。从此以后，板凳舞就在施秉一带的高坡苗族中流传下来了。

板凳舞内容健康，易懂易学，四季可跳。舞者少则三五人，多则几十人，不受场地和时间限制，跳板凳舞的苗族妇女，上穿无扣紫色大襟，下着紫色百褶裙。施秉苗族板凳舞，一般在正月间比较盛行，亲戚好友拜年访客，饮酒之余，微醉之际，主客即跳起板凳舞以助兴。舞蹈属纯娱乐性，场面壮观，动作大方，节奏热烈，可称为苗族的狂欢舞。

## 第七节　多耶舞

“多耶”是侗语音译，“多”有“唱”“舞”等意义，“耶”为侗族民歌中集体边唱边舞的品种，“多耶”为“踏歌而舞”之意。多耶舞又称“踩歌堂”。多耶舞是中国侗族的大型集体舞，流行于桂湘黔交界地区，多耶是在寨和寨之间集体走访中的歌舞活动，男女分队，围成圆圈，载歌载舞。唱时年轻人男女分队，列成圆圈，女队手牵手，男队手攀肩，边唱边摇晃而舞。女队先唱三支，男队还三支，每三支为一套，对唱一二十套，最后唱结尾歌结束。

艺术起源于劳动，这是科学的论断。侗族多耶舞同样起源于劳动。在古代，侗族先民们为了生存繁衍，必然要与自然界做斗争，比如抬石头砌墙、挖洞穴以防兽害、拉木头起木楼躲雨栖身、集体狩猎等。

由于劳动需要而产生了语言，随之语言与动作的变化逐渐增多，歌舞的基础也就有了。

多耶舞参与者需手拉手围成一圈，跟着领唱的节奏边唱边舞。人们没有尊卑贵贱之分，没有语言隔阂，人人忘我而唱，忘我而舞。它以“欢乐、友谊、安定、团结”为永恒的主题，传达“平等、和谐、大同”的理想。

# 第十五章
# 师生实践活动

## 第一节 凯里市内活动

2014 年 9 月开学季，我们在队旗的引领下，分别去往黔东南州博物馆、凯里市民族文化园、苗妹非遗博物馆等地参加活动，为我们写作民风民俗方面的作文做准备（见图 15.1 ~ 图 15.7）。

图 15.1 队旗飘飘

在州博物馆的正大厅内，我们看到了牛角芦笙和木鼓。这三件物品不仅是黔东南苗侗民族灵魂的象征，也是镇馆之宝。苗妹非遗博物馆展出的苗族服饰图片绣工细腻，精美绝伦！

民族文化园里的图书馆为我们提供了许多有关民风民俗的资料。值得一提的是，在民族文化园，大家还观看了银绣表演的舞台剧。该剧将黔东南独有的山水风光、民族文化、建筑艺术、节庆文化等浓缩成精华搬到了舞台上，反映了苗侗民族原生态文化的特色。

图 15.2　参观学习

图 15.3　同学们聚在一起学习探讨

图 15.4　银光闪闪的水滴银帽

图 15.5　学习交流

图 15.6　学习交流

图 15.7　制作板报

## 第二节 凯里市外活动

图 15.8 西江苗寨的板凳舞

图 15.9 入乡随俗

图 15.10 长桌宴

图 15.11 “我也吹吹”

图 15.12 姊妹节

图 15.13 清水江上的龙舟赛

图 15.14 铜鼓农民画

铜鼓村，原属麻江县下司镇，现归属凯里市下司镇，是中国闻名的“现代民间绘画之乡”。铜鼓农名画是蜚声海内外的现代民间绘画艺术，铜鼓农民画“画”出苗家的五彩天地。

破线绣是苗绣的一种。如图 15.15 所示，绣片上硕大艳丽的花朵，突出了苗族人崇尚自然的特点。

如图 15.16 所示，这幅刺绣作品上有两只欢腾相交的凤凰鸟，它们中间还有一只机灵的小燕子。这好比一对夫妻生了一个活泼可爱的女儿。这幅画寄托了苗族家庭的美好心愿。

图 15.15 精美绝伦的苗绣

图 15.16 精美绝伦的苗绣

图 15.17 精美绝伦的苗绣

图 15.18 黔东南民族体育馆门口的铜鼓

如图 15.17 所示，蜈蚣也是绣片上的“宠物”。表现苗族人对宇宙、对生命的尊重。

苗绣以苗族古歌中的内容为主，绣片上绣的纹样一般是龙、虎、水牛、蛇、蜈蚣等生命图案。此外，蝴蝶，花草、虫鱼等图案也经常出现。这些内容充分体现了苗族信仰万物有灵，崇拜自然，祀奉祖先的特点。

在黔东南民族体育馆正大门中央前方有一面大铜鼓（见图 15.18），它不仅仅是一处景观，还是苗族人民精神生活的象征。苗族人民爱鼓，鼓舞相伴人生。这是因为，鼓舞有三种作用和意义。其一，鼓有战争辅助功能。苗族自古骁勇善战，在远古时期与炎黄部落大战之时，苗族先民就曾使用鼓来振奋士气。其二，鼓有信息传递功能。苗鼓作为一种打击乐器，因为声音强大，传播远，被用来作为族群之间的联络工具是十分有效的。崇山峻岭中间的苗族山寨相隔甚远，每逢遇到一些突如其来的大事，靠步行通知往往来不及。但是，在合适的地方置一面大鼓，用约定俗成的敲击方式取得联系，既减少了山间往返的辛劳，也为应对突发事件节约了时间，对族群的生存与发展都起到了很大的作用。其三，鼓有全民欢庆功能。每当年节之际，苗族群众都会打出“年鼓”“喜庆鼓”“坐堂鼓”“邀请鼓”“迎宾鼓”“拜客鼓”“拦路鼓”等来欢庆节日。所以，苗鼓永远激励苗族人民前进。

凯里市金泉湖水库东岸的树林里，有一座金泉女的雕像。这座雕像来源于苗族姑娘仰阿莎的传说。仰阿莎是苗语音译，在苗语中就是“清水姑娘”的意思，也有的叫“露珠姑娘”或者“彩虹姑娘”，有冰清玉洁之意。传说中她是从一口水井中出生的，是井水的女儿，跟水结下了不解之缘。

仰阿莎出生后，第一天会笑，第二天会说话，第三天会走路。相传，仰阿莎 18 岁时，天上的太阳看上了她，于是，找来乌云做媒，终于娶到了仰阿莎，但是抱得美人归的太阳不知道珍惜，为了到东海给龙宫当理事佬，一去就是六年，对仰阿莎不理不问。仰阿莎在寂寞、劳累、痛苦中度过了六年，却没有得到太阳的理解。太阳的弟弟月亮，是一个善良的小伙子，被太阳压迫，只能在太阳家中当一个长工。在六年的时光中，月亮的善良和体贴感动了仰阿莎，日复一日，他们建立了真正的感情，并决定追求自己的爱情，去过幸福的日子，于是双双私奔。太阳得知后，气急败坏地赶回来找他们，并找来天狗当理事佬辩理，希望讨回公道，但是仰阿莎不愿意再过那没有感情的日子，宁愿跟什么都没有的月亮一起去寻找真正的爱情，并创造属于他们自己的幸福生活。在理事佬的调解下，月亮放弃了江山，抱得美人归，而太阳得到了江山，失去了美人。再后来，白天都是太阳出来行走，月亮只能晚上出来。因为太阳的压力，天狗也时不时地找月亮的麻烦，就有了“月食”。太阳怕人们嘲笑他，于是发出万丈光芒刺痛人们的眼睛，不让人们看见他的痛楚。太阳真傻，美丽智慧的仰阿莎他不懂得珍惜，还是月亮弟弟聪明，凭着善良和勤劳迎娶了美丽的仰阿莎姑娘。这是一个美丽的传说，一方面，体现了苗族人民勤劳善良的人生价值观，另一方面，也表现了苗族人民追求美好幸福生活的勇气和力量。

活动图片欣赏（见图 15.19 ~ 15.24）：

图 15.19　从江加榜梯田

图 15.20　侗寨禾晾

图 15.21　锦屏雷屯美景

图 15.22　黎平翘街

图 15.23　榕江大榕树

图 15.24　丹寨龙泉山上的杜鹃花

# 第三部分

## 范文引领

# 第十六章
# 三年级作文

## 第一节　人教版三年级上册第五次作文

### 吊脚楼

杨春香

朋友，你是否来过黔东南？在黔东南，你是否造访过苗乡侗寨？在苗乡侗寨，你是否见过吊脚楼？吊脚楼就是我们黔东南的居住传统。

吊脚楼是一种“厂”字型建筑。因为大多苗侗人民都居住在高寒山区，山坡陡峭，平整和开挖地基不容易，加上阴雨多变，潮湿多雾，砖屋低层地气很重，不宜起居。所以，人们就喜欢建造一种通风性能良好、干爽的木房来居住。山里人家就这样在斜坡上开挖地基，建造一种地基一半着地、一半悬空的房子，像“厂”字样依山傍水的房子，这就是著名的吊脚楼。

吊脚楼的特点是防潮、通风、干爽、保暖。吊脚楼一般分三层。最上层储粮，中间一层住人。中间一层有走廊，正大门的前方有一排美人靠。中间一层住人的部分安排很有讲究，中间最大一间屋子叫作中堂。中堂的正中间是立神龛的地方。这是一个庄重的场所，也是一家人聚会的地方，更是待人接物的首选之处。中堂两旁前面的房间，住家里的当家人，后面的房间住家里的老人。吊脚楼的低层圈养牲畜或堆放柴火。

当你走进苗乡侗寨，远看山上一栋栋别致的吊脚楼，你能感受到苗侗人民的智慧。再看看吊脚楼上悬挂的红辣椒、黄玉米，你就知道，这里的人民是那样的勤劳。

### 苗年节

杨春香

我们黔东南被称为“百节之乡”，其中苗年节最热闹。

上周星期五正好是农历的十月初六，爸爸妈妈带我去雷山过苗年。我真的很难忘。

那天，我们来到摆贝苗寨，一到寨门口，就被一排穿着苗族盛装的苗族姑娘拦住了，她们用弯弯的牛角盛满酒来敬每一位客人。喝酒的人不能用手接牛角，只能用嘴接牛角喝酒，我们喝了拦门酒就进寨了。苗寨里各家各户都在打糍粑、杀猪、煮糯米饭，等这些美食做好了，人们就开始祭祖，在老祖宗的神龛前敬香烧纸钱。开始吃年饭了，村子里的长桌宴上美食很多，有酸汤鱼、凉拌折耳根、腊肉香肠、彩色糯米饭等等。我只吃了酸汤鱼，就顾不上吃其他的美味了。趁大人们还在敬酒的时候，我们几个小孩就去做竹捏粑粑，把竹捏粑粑一小团一小团地粘在竹枝上，就像洁白的玉兰花朵。

傍晚，当我们离开苗寨的时候，主人家还送给我们一大块猪肉，这苗年真是太好了！

## 第二节　人教版三年级下册第七次作文

### 美丽的巴拉河

杨春香

我的家乡凯里有许许多多美丽的风景。比如有巴拉河、民族风情园、西出口民族文化园、仰阿莎广场等等。可我最喜欢的还是美丽的巴拉河。

巴拉河四面环山。这里看不到大海的波浪，也没有陡坡上的疾风劲草，只有青山环绕着村庄和河水。巴拉河河水流淌在田间地头，河边有好多鸡鸭，鸡和鸭一点都不怕人，它们一群群走在河边的田坎上，一摇一摆的，样子真可爱！

沿着巴拉河几十里，群山环绕，山清水秀，鸟语花香。远远地望去，那山上的青绿色，好像是用鲜艳的颜料涂上去的，在山中还有星星点点的野花，黄的、红的、白的、粉的，你不让我，我不让你，把青山点缀得像一幅彩画，漂亮极了！

这里的河水有的地方宽，有的地方窄；有的地方缓缓地流着，有的地方水急，时不时有小鱼游来游去地觅食。到了中午，阳光明媚，河面上一片金光随着水波拍打着河岸，在阳光照耀下，一片片波光就像一片片鱼鳞铺满河面。

我爱这里的青山绿水，我爱美丽的巴拉河！

## 拜访金泉女

杨春香

我们凯里有个金泉水库，也叫作金泉胡。在金泉湖东边山脚下的树丛里，有一座白色的苗家女雕塑，她名叫金泉女。据说，这个金泉女是仰阿莎的造型。

一个周末的早上，我和几个同学一起去拜访她。我们来到金泉女的身边，认真地观察她。她全身都是白色的，面带微笑，闪着大眼睛，双手拢着浓密的长发，双膝跪在湖岸边。她这样子，似乎在告诉我们她刚从湖里洗澡上来，在梳头呢。她上身穿一件齐腰的绣花衣裳，下面套一条长裙子，好漂亮啊！

看着金泉女美丽的雕像，我不由得想起老师给我们讲的仰阿莎的传说。苗族姑娘仰阿莎聪明又漂亮，长大后嫁给了太阳。因为太阳又懒又不负责，辜负了仰阿莎，后来仰阿莎勇敢地离开了虐待她的太阳，跟勤劳善良的月亮生活在一起。

在回家的路上，我和同学一路上都在讨论仰阿莎的故事。我们都觉得仰阿莎了不起，不愧是勤劳勇敢、美丽善良的女孩子。

# 第十七章
# 四年级作文

## 第一节 人教版四年级上册第五次作文

### 魁星阁

杨春香

各位游客，大家好！我叫杨白雪，是“彩虹旅行社”的导游，大家叫我白雪好了。今天早上，我带大家游览凯里市大阁山上的魁星阁。大家进入景区，不得乱扔垃圾，不得随地乱吐，因为这里是林区，也是佛教圣地。

魁星阁位于凯里市城北的龙山上，它建于清乾隆四年，是乾隆年间凯里地区培养、选拔人才的地方。

魁星阁历史悠久，气势雄伟。这座阁楼共有五层，楼身高 23 米，因建在山顶之上，令人深感气势雄伟。魁星阁呈塔形状，木质结构，琉璃瓦塔顶。每层楼上都雕绘有五彩的图案，这些图案主要是各种花卉鸟兽。第一层楼供奉着魁星的神像，这里常年香火不断。从一楼东边的顺廊拾级而上，就到了二楼。二楼是八角形壁座，这里就是当年举子们交流讨论的地方。三楼陈列着许多雕绘，是人们休息的场所。四楼是收藏经书的地方。五楼是魁星阁的制高点，一般情况下，人们来到这里，便会有“欲穷千里目，更上一层楼”的感觉。在这里，东可平视旭日东升，北可俯瞰清水江缓缓东流，南可随万里云卷云舒，西可目送夕阳下沉。

魁星阁之所以香火旺盛，是因为这座阁楼里供奉着“魁星”。不了解真相的人，以为魁星既是掌管世间功名利禄的神，一定会是一位文质彬彬的书生。其实不然，大阁山上魁星阁里供奉的魁星面目狰狞，金身青面，赤发环眼，头上还有两只角，仿佛鬼一般。这魁星右手握一管大毛笔，左手持一只墨斗，右脚金鸡独立，左脚扬起后踢，左脚上是北斗七星，右脚下踩着海中的一条大鳌鱼的头部，实为“独占鳌头”之意。魁星的模样似乎告诉人们，魁星正在选拔人才，公正严明，任何人不得徇私舞弊。人们仰望魁星这副公正严明的模样，心里既害怕，又欣慰。想作弊的人怕他，有真才实学的人敬仰他。

每逢节假日，凯里人都要上大阁山去给魁星敬香火，或祈求魁星保佑子孙读书明理，求取功名，或登高望远，借景抒情。魁星阁真不愧是一处美妙的佳境。

今天的旅程就到此为止了。希望各位离开时保持好魁星阁的美好形象，同时也希望各位游客下次再来。再见！

## 美丽的西江苗寨

杨春香

各位旅客大家好！欢迎来到全球最大的苗寨——西江千户苗寨。我是你们今天的导游，我姓王，大家可以叫我小王。如果在途中遇到什么事情或是不明白的地方可以随时向我提问。希望大家今天旅途愉快！我们现在所在地就是西江千户苗寨。西江千户苗寨位于贵州黔东南苗族侗族自治州雷山县东北部的雷公山麓，由十余个依山而建的自然村寨相连接成片，是目前世界上最大的苗族聚居村寨。据 2005 年统计，西江千户苗寨共有 1 288 户，人口约 6 000 人，其中苗族人口占 99.5%，所以我们可以说苗族大本营在贵州，贵州苗族大本营在西江。

苗族是一个勤劳的民族，由于一些历史原因，苗族人经过几次大的迁徙最终到了位于西南部的贵州，并在这里扎了根，创造出了贵州特色的苗族文化。可以说贵州是苗族文化保存最完整的地区，关于西江苗寨的故事还有很多很多，今天，先说到这儿，感谢大家的配合和支持，若有机会，咱们下次再见！

## 镇远古城导游词

杨春香

各位旅客大家好！欢迎大家来到镇远，我是你们本次旅行的导游，我姓吴，你们可以叫我小吴，有什么问题可以随时问我。现在我给大家说一说景区注意事项：不能乱丢垃圾、不能乱写乱画、不能高声喧哗。

现在请允许我简单介绍一下镇远。镇远古城位于贵州省黔东南苗族侗族自治州镇远县舞阳河畔，四周皆山，河水蜿蜒，以“S”形穿城而过，北岸为旧府城，南岸为旧卫城，远观颇似太极图。镇远历史悠久，自秦昭王 30 年设县开始至今已有两千多年的历史。

现在大家看到的是镇远著名景点舞阳河，舞阳河大家应该很熟悉吧。舞阳河，以高峡平湖、瀑泉飞流、喀斯特地貌为主体，山色水韵风光迷人。干流全长 258 公里，流域面积 6 480 平方公里，它流经瓮安县、黄平县、施秉县、镇远县、岑巩县、玉屏县，随之流入湖南境地，右沅江流入洞庭湖。

大家再看，现在展示在大家眼前的是古建筑群——青龙洞。青龙洞背靠青山，面临绿水，贴壁临空，五步一楼，十步一阁，翘翼飞檐，雕梁画栋。这些古建筑与悬崖、古木、藤萝、岩畔、溶洞天然合成，融为一体，真是巧夺天工。

时间过得真快，本次旅行即将结束，感谢各位游客的支持与配合，希望大家下次再来。

# 第二节　人教版四年级下册第六次作文

## 美丽的下司

杨春香

下司古镇，那是一个美丽的地方。它不仅是一个天然的水上乐园，还是一个民族风情浓郁的地方。

下司古镇有一个天然的水上乐园。今年暑假，爸爸妈妈特地带着我和妹妹到下司水上乐园消暑。下司古镇有山有水，山水相依十分和谐。清水江环绕着小镇，像一面镜子，又像一条飘带散落在小镇脚下。人们把两公里的江面围成一个天然的水上乐园，还在那里增加了很多水上游乐的工具。比如水上小游轮、水上大画舫、水上滚筒、水上步行球、水上自行车、水上快艇等等。那天我们一家人选择了游船。我们一边划船一边欣赏两岸的风景，船行江心，我还看到了两岸盛开的鲜花和茂盛的树木，它们仿佛在跟我微笑呢！我们一家人在船上有说有笑，我们的欢声笑语飞出江面很远。就这样，我们在船上度过了两个小时的快乐时光。

下司古镇还是民族风情浓郁的地方。我们下船走进古巷里，一种热烈的民族气氛包围着我。小巷里的吊脚楼挂满了红灯笼，街市上到处是卖银饰的店子。大街上，姑娘们头戴银饰，从我身边经过，身后留下一片银花抖动的响声。走过街心，一阵阵酸汤鱼的香味飘来，哇，酸汤鱼真香啊！中午，我们就吃了美味的酸汤鱼。

夜晚，小镇的红灯笼都亮了，那灯光在清水江上一晃一晃的，像一串串红玛瑙，又像一条条红游龙。我们置身其间，仿佛回到了旧时的江南水乡。

# 第十八章
# 五年级作文

## 第一节　人教版五年级上册第三次作文

### 银手镯的概说

杨春香

大家好，我是苗家银手镯，看我的小环身体锃亮锃亮的，这是我最骄傲的地方，我们苗家男女老少都非常喜欢我，走到哪都把我带到哪。

我身上的花纹样式可多了，寓意也不一样，我有时喜欢穿约 4.5 厘米的牡丹花衣服，花开富贵，象征着吉祥富贵，我常常被人们带着走出家乡，送给亲朋好友，走遍祖祖山山水水。我有时喜欢在身上披上龙凤衣裳，龙凤呈祥，是不离不弃的爱情象征，年轻人可喜欢我啦！我有时还喜欢穿莲花做所的外衣，老爷爷老奶奶特别喜欢佩带我，总之人们喜欢在我身上刻不同花纹。有玫瑰花、祥云、花瓣纹、石榴纹、水珠纹、千线菊等，每一种花纹寓意不同，祝福也不一样。

我还有很多作用呢！著名的药学著作《本草纲目》都称我有“安五脏、定心神、治惊悸、坚骨、镇心、明目”之功效，我们苗族小孩从小就有佩戴银饰的习惯，银手圈既能辟邪又能安神。银是试毒最好的金属，体质好的人佩带银手镯，银手镯会越来越亮，而如果体质较弱或体内毒素较多的话，银手镯会很快发黑，所以经常佩带银手镯，有助于排出体内毒素，反之，如果佩戴的是表面镀银的银器或成色不足的银器，便达不到这种效果，反而会因为电镀的化学作用或杂质过多而导致过敏。所以大家一定要谨慎选择哟。

怎么样，听了我的介绍，你们是不是越来越喜欢我了，请一定把我介绍给你们远方的朋友哦！

## 苗家迎客拦门酒

杨春香

记得第一次到凯里巴拉河畔的南花苗寨去过苗年时我才 11 岁，和谁去的我记不清了，可苗家的迎客拦门酒却让我记忆犹新。

未进寨门就听见苗家人悠扬的芦笙曲，伴着乐曲我们来到了南花苗寨的寨门，只见寨门口左右两排各站着 6 个身着苗服的男子，手捧芦笙又吹又跳。中间则是 4 个苗族姑娘身着盛装，每人双手端着一个弯弯的牛角，牛角上还系着红带子，里面盛满了醇香的米酒，这是专门为外来的客人准备的，客人走过时，苗族姑娘就会边唱歌边把酒敬给客人喝。这就是苗家人独特的迎客方式——拦门酒。

知情人告诉我们，这杯酒只能用嘴接，不能用手捧，如果你用手捧了牛角杯就代表你是“海量”，姑娘们就会再给你满上一杯，直至你喝不下为止。虽然米酒味道香甜，像喝甜酒似的，可它的后劲特别大，况且这一杯牛角杯就能盛二两左右的米酒，一个壮实能喝的东北大汉都不敢随意接杯，因为他不敢保证，喝了两三杯后第二天还能不能从床上自如地站起来。

## 水滴银帽

杨春香

我们苗族女子都有精美的银帽，每一顶银帽都蕴含深刻的寓意。

银帽是苗族银饰中最有代表性的物品。银花帽也叫作银冠，帽子的顶上铺满银草片，银草片上焊接有细银旋成的螺状支杆，杆尖上撑着呈盛开状的上百朵银花，高低不等，使帽子看起来就像个装满鲜花的篮子。头戴花帽的苗家女孩只要走一步或动一动，银帽上的花朵就会摇一摇、晃一晃。那些银花就像田野上的野花一样多姿多彩。

水滴银帽是银花帽中最漂亮的一种。高大的银帽像山一样巍峨，帽檐下一圈小叹号似的银泡像水滴一样闪亮，所以这种银花帽又叫作水滴银帽。水滴银帽的象征意义有很多。帽檐下方一排吊坠形似水滴，代表水；帽檐下方边缘似生长万物的大地，代表土；银帽中部穿插的银花草，代表木；银帽正中间的太阳花以及银角中间的太阳图案，代表火；整顶银帽以银子制成，代表金。整顶银帽体现了苗族银饰多、大、美的特点。

作为苗家小女孩，我怎能不喜欢这么精美的银帽呢？

# 第十九章

# 六年级作文

## 第一节　人教版六年级上册第八次作文

### 美丽的苗族服饰

杨春香

你可见过苗族女子的黑底绣花的衣服?

你可穿过苗族女子的百褶裙?

你可触摸过苗族女子服饰上刺绣的图案?

你可知道苗族服饰的象征意义?

苗族女子的服饰样式很多，庄重美艳。苗族的支系很多，不同支系的服饰也不一样，但是有一点，黑色是苗族服饰的基本色调。在黑色的布料上绣上五彩的花纹图案，一切都看得清清楚楚。从这一点，可以看出苗族人的聪明，看出苗族人对色彩独特的欣赏能力。难怪人们赞美苗族人是天生的艺术家。

苗族女子服饰上绣的图案大多与龙、鸟、鱼、铜鼓、花卉、蝴蝶、历史画面有关。在苗族女子的便装上，我们可以看到她们在胸口、袖口等处绣的花草图案。苗族女子在黑底绒布上绣出鲜艳的花朵、翠绿的小草、金黄的小鸟，一切都是那样栩栩如生。在黑色底衬下，这些图案又是那样的鲜艳夺目。这样的衣服穿在女人的身上，是多么吸引人呀!

苗族人的百褶裙，是用一个腰头把绣好的绣片缝在一起做成的。因为褶子多，故称百褶裙。百褶裙上的每一块绣片都有特殊的寓意。

有的绣着鸾凤和鸣，有的绣着百花争艳，有的绣着鸟语花香，有的绣着祥云流水。一条百褶裙大约由二十几块绣片或三十几块绣片组成。苗族女人在家庭里的地位是很高的，一个女人的服饰代表着一个家庭的脸面。所以，每个家庭，都会倾其所有，把自家的女儿、媳妇打扮得漂漂亮亮的才出门。

苗族服饰上的图案是很讲究的。有的绣上花鸟虫鱼，代表着人们对自然的热爱和感恩。因为有了美丽的大自然，人们的生活才那么多姿多彩。有的绣着祥云流水，代表着风调雨顺，象征着人们对美好生活的期盼。有的绣着红花绿草，代表着人们对美的追求。苗族人民通过服饰尽情地展现希望生活更美好的愿望。

苗族服饰上绣着历史。相传，苗族是蚩尤的后代。这个民族原本居住在中原地区，但苗族的老祖宗蚩尤跟黄帝打架，蚩尤失败了，被黄帝追赶，为了躲避战争，苗族人就不断地迁移，最后，躲进贵州黔东南的深山里。苗族人为了记住历史，就在女人的围裙上绣上三条横线。一条代表黄河，一条代表长江，一条代表清水江。

## 观看银绣表演

杨春香

十一国庆长假，我和爸爸妈妈在凯里市民族文化园观看了一场银绣表演。那场表演，让我领略到了黔东南的艺术魅力，我的家乡黔东南真不愧为“歌舞的海洋”。

那天下午，凯里市西出口民族文化园汇聚了来自四面八方的游客。我和爸妈一起随着客人们入席吃长桌宴。大约晚上 7 点半，我们随着人流进入了演播大厅。啊，现代化的舞台设计好气派呀！这里有炫彩的灯光，有专门进行节目介绍的 LED 显示屏，还有可以旋转升降伸缩的多功能舞台。人们一进入大厅，就被富有黔东南民风的乐曲迷住了：“米酒甜，米酒香，醉人的飞歌绕山梁……”

忽然，全场灯光熄灭了，顿时鸦雀无声。忽地，洁白的月光洒满了舞台。只见一栋褐色的吊脚楼上，一位身着银饰的苗家姑娘从窗口探出头来向楼下张望。正在这时，一位苗族小伙子扛着一根独木梯轻手轻脚地向姑娘的窗口下靠近，小伙子轻快地把独木梯搭在了窗口下，并迅速往上爬。姑娘见到他，高兴而又害羞地低下了头，小伙子向她打着手势。他们说什么呢？我猜想着。忽然，舞台上灯光齐明，欢跳着的青年男女手拉着手从舞台两边跑向舞台中央。他们分别把刚才在窗口前交流的姑娘和小伙子推到了一起，为他们欢呼，为他们高兴。

不知不觉中，我忘了舞台上的表演，我仿佛看到了深秋丰收过后的苗寨，在一个艳阳喜庆的日子里，举行了一场婚礼。满身银光闪烁的新娘被一群姑娘簇拥着来到了新郎家，新郎家的亲人朋友在家门口备好拦门酒，喂新娘喝拦门酒，欢迎她成为家中一员。

“鑫鑫，你在想什么？”妈妈提醒我看下一个节目了。我才从喜庆的场景中回过神来。我四处观望，许多的宾客脸上都带着幸福的微笑。

这就是艺术的魅力，它让所有的来宾在短暂的时间里领略到了黔东南浓郁的民风民俗，让所有热爱生活的人体会到了这片歌舞海洋的魅力。

## 难忘的芦笙节

杨春香

只要有苗族人的地方就有芦笙节。芦笙节是苗族人民为庆祝丰收而设定的节日。我的外公家住在黄平重安江，那里是苗族聚居的地方。今年春节，我和外公参加了一次芦笙节活动，那令人激动的场面让我至今难忘。

记得那天早上，外公早早地把我叫醒，他举着手里的芦笙对我说：“涛涛，快起来吧，我们跳芦笙舞去！”外公笑眯眯地看着我。“我不会跳呀，外公！”“没关系的，你先跟着大家跳，不一会儿就会了。”很快地，我跟着外公来到了芦笙场，芦笙场上早已人山人海。这时，只见三个戴着黑头帕，穿着黑衣服，系着红腰带的中年男子吹起了芦笙，接着，四周的人立刻围拢来绕着三人跳起了芦笙舞。外公拉着我也跳起来。我不会跳，便一脚高一脚低地跟着人们小跑。在不知不觉中，我竟然也能跳了。芦笙手吹得越来越欢快，人们跳得越来越起劲，我也狂舞起来。一会儿，我感觉浑身发热，我用手一抹脸，脸上全是汗啊。我追上外公，拉着外公的手就退出了芦笙场，待在一边歇气。“涛涛，累了吧？”外公问。我点点头。“那我们回家吧。”外公又说。最后我们恋恋不舍地离开了那快活的芦笙场。

## 第二节　人教版六年级下册第二次作文

### 银手镯

杨春香

苗族姑娘有戴银饰的习俗，因为银饰品不仅能衬托姑娘的美丽，还能避邪解毒，苗族姑娘大都有一两件称心的银首饰。我也有一对好看的银手镯，那是我过生日的时候外婆送给我的。

我的银手镯在阳光下泛着亮光，有时候还能折射出太阳的色彩。它宽扁的表面雕刻有祥云和游龙图案。内径上雕刻有“幸福吉祥”字样。它的口径大约有 40 厘米。这个手镯是活箍套的，我可以按自己的需求把它拉大缩小，所以，戴起来很方便。我很喜欢这个银手镯，它简直就是我身体情况的晴雨表。我健康的时候，它白亮白亮的，让我倍感自信；我生病的时候，它就变得灰暗无光。它似乎在告诉我：“小主人，你身上有病毒了，赶快治病吧！”有了它，别提有多方便了。

在我的周围，很多人都有银饰品。在我们班，我的许多同学都有银手镯；在我的朋友中，几乎每个女孩都有银手镯。看来，我们黔东南人，不仅仅爱美，还特别会生活呢！

### 台江姊妹节

杨春香

台江姊妹节被人们称为东方最古老的情人节，流行于贵州省黔东南的台江县施洞一带，每年农历的三月十五日至十七日举行。

苗族人为什么要过姊妹节呢？这与美丽的传说是分不开的。相传很久以前，在施洞的苗寨里，有七个美丽的苗族姑娘，她们聪明能干、心灵手巧，而且都到了出嫁的年龄，但是，由于山高路远，这里很少有人往来，很多好姑娘找不到理想的伴侣。于是，她们就酿好美酒，做好彩色的糯米饭，杀鸡宰鸭，邀请四乡八邻的人们到寨子里来做客。这样一来，姑娘们就有机会跟外面的人接触了。果然，那次活动，几个美丽的姑娘都嫁出去了。后来，老人们仿效她们的做法，让寨子里的年轻人跟外面的人交流接触，让年轻人像七位姑娘一样选择意中人。这个习俗就这样流传下来了。

姊妹节，最主要的活动就是吃姊妹饭。因为这是个传播爱情的节日，所以，姊妹饭的意义很特别。首先，姑娘们要把糯米饭做成彩色的。彩色糯米饭主要由绿色，黄色、红色、紫色、白色五种颜色组成，故称五彩糯米饭。节日期间，青年男女上坡相会，小伙子们向姑娘们讨要五彩糯米饭。姑娘们是否赠送糯米饭就决定了爱情的成败。如果姑娘在送给男子的糯米饭里藏有一双筷子，就说明姑娘很喜欢这个男子，希望快点成双成对；如果姑娘送给小伙子的糯米饭里藏有一支筷子，就是劝男子不要单相思了；如果男子得到的糯米饭里有辣椒大蒜，就赶快转身走吧，那姑娘是不喜欢你的；如果男子得到的糯米饭里面藏有松子叶或树叶,说明女孩还在考虑观望,就看男子的进一步表现了。

姊妹节，是一种不直接言说的爱情，是一种保护男方爱情尊严的艺术，它用藏在五彩糯米饭里的信物表达情义，所以，又被称为藏在花蕊里的节日。

## 香甜糯米饭

杨春香

在黔东南，无论男女老少，都爱吃糯米饭，因而吃糯米饭也成了黔东南的习俗。

糯米饭营养价值高。我们黔东南的山区出产的糯米富含锌、硒等矿物质。人们用糯米做成各种食品，如糍粑、三月粑、黄糕粑、甜酒、社饭、糯米酒等，这些食品不但色香味俱全，而且营养丰富，大家都爱吃。

吃糯米饭方便。黔东南山高谷深，人们出行不方便。农耕时代，人们要到地里干活，中途回家吃饭不容易，于是大家出门前就把饭煮好、包好，并带到干活的地方，方便中午吃。刚开始人们用黏米做饭打包，但大家发现黏米饭不仅容易散还容易馊，没有菜更不好吃。大家就改用糯米做饭，糯米饭不仅香甜可口，还不容易变味，尤其是在夏天，它比其他食品耐高温。所以，人们就更喜欢吃糯米饭了。

糯米饭的象征意义丰富。过年，人们用糯米打糍粑，象征生活甜美幸福；谁家有喜事，用糯米做甜酒，煮甜酒蛋和甜酒粑粑吃，以表示喜庆；有客人从远方来，端上一盘糯米饭，表示主人的热情。姊妹节吃的五彩糯米饭，绿色象征家乡美丽，红色象征寨子昌盛发达，黄色象征五谷丰登，紫色象征富裕殷实，白色象征纯洁爱情。由于糯米饭象征意义丰富，人们就更爱它了。

在黔东南，会做糯米饭是一种能力，得到他人赠送糯米饭是受人尊重，吃糯米饭是一种享受。所以，吃糯米饭就自然而然地成了一种习俗。

## 苗族银衣

杨春香

苗族女子爱美，最值得欣赏的，便是她们艳丽的服饰。苗族服饰分盛装和便装两种。在需要着盛装出席的场合，苗族女子上穿缀满银饰大襟的绣花衣服，下穿百褶裙，并在腰间前后扎上大小不一的腰带。苗族服饰是我国民族服饰中比较华丽的。衣服上的图案内容丰富，一般是花鸟鱼虫以及生活、劳动的场景。图案上绣得最多的是蝴蝶。相传，蝴蝶妈妈是苗族人的祖先，苗族人把蝴蝶绣在衣服上表示对祖先的怀念。苗族妇女的围腰上还绣有三道横线，一道表示黄河，一条代表长江，还有一条代表清水江，表示苗族人对曾经的和现在的居住地的深深的感恩之情。所以，苗族服饰又被赋予了继承民族传统、纪念祖先的内涵和意义，被世人称为无字的史书。

苗族服饰不仅美，还代表着一个家庭的经济地位，所以穿银衣就成了一种习俗。节日到来时，苗族妇女身着盛装，头戴银花帽，双耳戴粗大的鼓面圆形银耳环，项戴银亚领，手腕戴宽扁银手镯。她们三五一群，走在明媚的阳光下，全身银光闪闪，银花耀眼。这样的服饰，不分老少，不论高矮，不选胖瘦，所有的女人穿上它都是那样的美，它成了所有苗族女子的心爱之物！

## 挂红蛋

杨春香

挂红蛋是黔东南的一个传统习俗。关于挂红蛋这个节日的来历，还要从一个传说说起。

从前，有一对夫妻，他们非常想要一个孩子，可是过了很久，他们还是没有孩子。于是，他们二人非常着急。可是着急有什么用呢？一天晚上，这对夫妻梦见了一位白胡子老神仙，那位老神仙对他们说："你们没有孩子，不必着急，我可以告诉你们怎样才能有孩子。明天是农历二月二，是龙抬头的日子，到了明天，你们多煮一些红蛋，再带一些木板和钉子去河边没有桥的地方搭一座桥，然后在桥的一头烧香，放一些贡品，这个时候就会有一个小孩向你们走来，你们就拿一些红蛋喂他吃，然后再拿两个红蛋挂在他脖子上，就可以了。"第二天，他们来到了河边，他们照着老神仙的话做，果然，在桥的那一头出现了一个小宝宝，笑着向他们走来，于是，他们就拿红蛋给他吃，又挂了两个在他的脖子上，结果那个孩子就留下来当他们两个的孩子了。

现在，父母给孩子挂红蛋，是想让孩子永远幸福。这就是我们的风俗，不错吧，如果你有时间，一定要到我们这里来体验一下。

# 参考文献

[1] 高长凤. 新课标解读与教学案例设计：小学语文[M]. 北京：中央民族大学出版社，2004.
[2] 沙德胜. 新课程理念下的创新教学设计——小学作文教案[M]. 长春：东北师范大学出版社，2003.
[3] 陈旭远. 新课程推进中的问题与反思[M]. 北京：首都师范大学出版社，2004.
[4] 刘益民，熊生贵，刘大春. 研究型教师成长之路[M]. 天津：天津教育出版社，2010.
[5] 朱绍禹. 中学语文课程与教学论[M]. 北京：高等教育出版社，2005.
[6] 张红. 让学生享受快乐的作文学习——小学作文教学策略探究[M]. 北京：同心出版社，2009.
[7] 徐林. 名师讲作文[[M]. 北京：华语教学出版社，2016.
[8] 文心. 小学生作文大全[M]. 北京：华夏出版社，2015.

# 后 记

人教版语文课程具有一定的开放性和弹性，这为少数民族地区教师留下了开发和利用的空间，也为少数民族地区的学生留出了选择和拓展的空间。黔东南是一个民族风情浓郁的地方，其独具个性特征的物质文化和精神文化，需要师生一起努力学习并加以表达。在小学三至六年级的 64 次习作中，我发现其中有 12 次习作练习的选材与我们身边的民风民俗紧密联系。黔东南民风民俗浓郁，对没有人生阅历、缺少生活经验的孩子来说，要写好民风民俗素材的作文确实不易。多年来，我一直站在孩子的角度思考写身边的民风民俗要写什么、为什么写、怎么写几个问题。经过课题“把黔东南民风民俗引进小学作文教学的实践与研究”的探索，我发现，小学生要写好身边民风民俗的作文，组织他们开展语文综合性实践活动至关重要，没有实践活动，小学生不可能写好关于民风民俗的作文，因此，实践作文教学法应运而生。

实践作文教学法操作的具体步骤是：教师以问题形式了解学生掌握民风民俗的基本情况——家校配合带领孩子进行民风民俗实践活动——教师有目的地指导学生收集具有代表性的民风民俗材料——教师课堂教授学生习作的技巧——学生课堂起草作文——师生互评互改习作，交流作文心得。拙著整理的就是这一方法的具体操作过程。实践证明，经过校园推广，实践作文教学法特别适合黔东南少数民族地区小学生使用。孩子们不仅“读万卷书”，还“行万里路”。通过实践活动，激发了他们爱祖国、爱家乡的热情，使他们懂得了传承民族文化的意义，提高了表达能力，更为重要的是，孩子们从中深刻地领悟到了生活就是大语文的道理。

然而，由于本人经验不足，水平有限，书中疏漏之处在所难免，恳请各位专家、学者、老师和同学们批评指正。

杨春香

2018 年 6 月于凯里